中国式申奥

Memory of Olympic Bid

黄克俭 著

团结出版社
UNITY PRESS

图书在版编目（C I P）数据

中国式申奥 / 黄克俭著. 北京 ：团结出版社，2008.5（2021.7 重印）

ISBN 978-7-80214-419-4

Ⅰ. ①中… Ⅱ. ①黄… Ⅲ. ①夏季奥运会－申请－概况－中国 Ⅳ. G811.211

中国版本图书馆 CIP 数据核字(2008)第 036484 号

出　版：团结出版社
（北京市东城区东皇城根南街 84 号　邮编：100006）
电　话：（010）65228880　65244790（出版社）
（010）65238766　85113874　65133603（发行部）
（010）65133603（邮购）
网　址：http://www.tjpress.com
E-mail: zb65244790@vip.163.com
tjcbsfxb@163.com（发行部邮购）
经　销：全国新华书店
印　装：三河市东方印刷有限公司

开　本：145mm×210mm　32 开
印　张：8.875
字　数：203 千字
版　次：2008 年 4 月　第 1 版
印　次：2021 年 7 月　第 5 次印刷

书　号：978-7-80214-419-4/G・409
定　价：48.00 元

那是2007年11月22日，瑞士洛桑的奥林匹克博物馆，我又见到了萨马兰奇先生。那时，他离开国际奥委会主席的职位已有6年，但他老人家依旧是那副慈祥的面孔，带着亲切的笑容。

作者与前国际奥委会主席萨马兰奇先生。

这是我最近距离的一次接触萨马兰奇先生。我们坐在同一张餐桌上，此时离北京2008年奥运会开幕只有不到9个月的时间。我向萨老谈起2001年7月13日北京申奥代表团在陈述时的最后一张PPT赫然写着："13亿人民的共同梦想"时，我想表达的是"中国需要奥林匹克，奥林匹克更需要中国。"萨马兰奇先生点头说道，他完全同意这个观点。

再版前言

当团结出版社计划出版珍藏纪念版《中国式申奥》而多次催促我修订这本书时，我才深深感悟到距离北京申办 2008 年奥运会成功已经二十年了……

这二十年世界的进步、我们国家的进步、我个人的进步，还有在北京成功主办了 2008 年奥运会以后世界体育的进步，又一次触动了我已些许平静了的奥运激情。

回想奥运的二十年，有一位老人我们不得不提及，他是中国人民的老朋友，北京申奥成功强有力的支持者，世界奥运史上功勋卓著的领导人，他就是已故的前国际奥委会主席胡安·安东尼奥·萨马兰奇先生。

这位奥运史上的著名人物，1920 年诞生于西班牙巴萨罗那，于 1980 年、1989 年、1993 年三度当选国际奥委会主席，总任期 21 年。2001 年 7 月 16 日在国际奥委会第 112 次全会上正式退休，被授予奥林匹克金质勋章，并接受“国际奥林匹克委员会终身荣誉主席”称号。

除了 2001 年 7 月 13 日，我在莫斯科现场亲眼见证了萨马兰奇先生宣布北京获得 2008 年奥运会主办权以外，我还与他有过一次亲密交谈。

他向我说，1980年在前苏联莫斯科举行的国际奥委会第83次全会上他获选为国际奥委会主席。等到1980年莫斯科奥运会一结束，萨老便径直来到北京，他坚信奥运会一定需要中国的参与。四年后，中国运动员队伍就出现在了洛杉矶奥运会上。

他在1984年洛杉矶奥运会上为中国的第一位奥运冠军许海峰颁奖。这是中国获得的第一枚奥运金牌，也是萨马兰奇先生担任主席之后颁发的第一枚夏季奥运金牌。此后，他又于1991年在日本千叶县世界乒乓球锦标赛中为邓亚萍颁奖。在中国举办奥运，一直也是萨马兰奇先生的心愿。

2001年7月13日，又是在莫斯科举行的国际奥委会第112次全会上，萨马兰奇先生宣布北京成为2008年奥运会主办城市，之后他便宣布退休，离开了国际奥委会主席的职位。

前后正好时隔20年，同是在莫斯科。这20年是一位奥运老人的20年，也是我们中国与奥运亲密携手的20年，也是我——一个被申奥改变了人生轨迹的人——的20年。

在参与申奥之前，我专注于做华文字库，在期待将我的华文字库做成世界顶级字库之外，我顶多只是一个体育爱好者、奥运关注者。由于参与北京的申奥工作，我走上了奥运之路，逐渐成为这个领域专家组的一员。日记里记录了我自北京申奥成功之后，20年来亲历的一个个难忘的奥运时刻：

2002年7月，北京奥组委在京召开奥林匹克设计大会，我是策划人之一、是设计大会总指挥；

2004年1月，中央美术学院奥运艺术研究中心成立，我担任中心副主任；

2004年4月，我策划主持了北京奥组委在京召开的北京2008年奥运会吉祥物设计研讨会；

2005 年，我参与了“同一个世界 同一个梦想”（One World One Dream）奥运口号的策划工作；

2008 年，北京奥运会开幕式创作，我是歌华团队的一员；

2009 年，第十一届全运会闭幕式，我是保利团队的总策划；

2010 年，广州举办的第十六届亚运会开幕式和闭幕式，我是保利和广东电视台联合团队的陈述人；

2010 年，在南京申办的第二届青年奥林匹克运动会，我是陈述顾问；

2011 年，在深圳举办的第 26 届世界大学生夏季运动会，我又担任了一段时间的艺术总监；

我还担任了 2022 年北京冬奥会标书设计评委和设计顾问.....

2008 年，在梁光玉社长的盛情邀约下，乘着北京奥运的盛典之光，我的亲历回忆录《中国式申奥》在团结出版社出版了。我如数家珍般回顾了自己亲历的 200 多个申奥的日日夜夜，将那些充满梦想与挑战的时刻记录下来，希望对北京申奥成功的过程感兴趣的读者能够一睹为快，感受中国式申奥的智慧与激情！

时光如电，北京奥运盛会一晃 13 年过去了，今年正值北京申奥成功 20 周年，又恭逢北京冬奥会即将开幕，再度激起了国人的奥运热情。团结出版社计划再版此书，作为申奥成功 20 周年纪念珍藏版，嘱我为本书撰写再版前言。

我又重新翻开《中国式申奥》，申奥往事一幕幕浮现，每一次热烈的探讨，每一次胶着的困境，每一次会心的微笑，每一个用力的拥抱，甚至每一个苦心孤诣的方案，每一张精心制作的 PPT，每一段完美的申奥陈述……都在我的脑海中久久萦绕，挥之不去。

我永远忘不了那个紧张到令人窒息的时刻：2001 年 7 月 13 日，当 81 岁高龄的前国际奥委会主席萨马兰奇庄严地宣布："获得 2008 年奥运会举办权的城市是北京"时，我和我的同事们瞬间从座椅上跳起来，欢呼雀跃、热泪盈眶。感恩上天，将神圣的奥运之剑从这位老人手中转交到了我们的祖国，让中国有机会在奥运史诗中挥舞出中华民族的流光溢彩。也感恩我竟然亲身经历了这一历史时刻。

因为有幸参与北京申奥而与奥运结下不解之缘，由此踏上了充满魔力的奥运征程。未来，我的人生轨迹注定也要与奥运结合在一起，不可分离。北京申奥成功 20 年过去了，我不知道，我的一生还有几个 20 年，但我清楚地知道，北京申奥是我人生中最珍惜最荣耀的高光时刻，而"卓越、尊重、友谊"的奥林匹克精神将成为我永久的信仰！

黄克俭 2021 年 6 月 23 日

奥林匹克日于长沙寓所

目 录

Contents

第一章 天涯共此时

1．北京狂欢夜

2001年7月13日22点刚过，北京城几条环线和干线的宽阔街道车流稀松，一些支线甚至都没有什么车辆在行驶。同空旷的马路相比，各处楼房却要热闹得多，部分小区甚至灯火通明。小区里、住宅楼群里几乎家家户户都有人，却比往常要安静得多。古老的北京城在那天晚上的那一刻好像突然屏住了呼吸，风暴来临前的北京城静得让人顿觉有些陌生。

此时，中央电视台正在进行的申奥陈述现场的直播将电视收视率不断刷新。几乎所有的北京居民在22点刚过的几分钟时间里，都目不转睛地盯着电视机。电视里转播的是正在莫斯科举行的国际奥委会第112次全会对申办第29届夏季奥运会主办城市进行诀议的现场，眼见结果就要宣布，电视机前的观众心跳开始加速。在最后关键阶段，大家忽然发现本已胸有成竹，却又失去了最初的信心，变得多少有些担忧起来。所有人在短暂的兴奋后，突然又多了几重焦急和紧张，他们略带不安地等待着一个历史时刻的到来。

电视机中的萨马兰奇还是那副熟悉的样子，在万人瞩目的关键时刻，他不紧不慢地走上讲台，拆开装着最终结果的信封，又不紧不慢地打开信封里的那张纸。他看到了结果，并没有表现出什么异样的神情。他稍微停顿一下，开始宣布：“获得2008年奥运会举办权的城市是：北京！”

莫斯科当地时间2001年7月13日18时08分，北京时间22时08分，在莫斯科举行的国际奥委会第112次全会上，时任国际奥委会主席萨马兰奇宣布：北京获得2008年第29届夏季奥运会主办权。图为萨马兰奇先生正在宣布北京获胜的消息。

北京成功了！

北京是胜利者！

无数的礼花在那一刻同时冲上了浩瀚的夜空，无数的音乐在城市各处同时奏响，无数的庆祝活动立即在那一刻同时缤纷上演，无数的中国人同时被巨大的幸福击中：酝酿已久的奥运激情在萨马兰奇略带兴奋地宣布中瞬间被点燃了！几代中国人的奥运梦在那一刻成为现实！

人们在电视机前目睹了那激动人心的时刻，紧紧握着被淋淋大汗浸透的遥控器，在电视机前跳起来。转瞬间，所有人的眼中便积满了幸福和兴奋的泪水。许多人顾不上去看接下来的签字仪式，就已经迫不及待地打开自家窗户，面对着对面灯火通明的楼房嘶哑着呼喊，对着浩渺的夜空呐喊："北京！北京赢了！我们赢了！"

莫斯科时间2001年7月13日18时许，北京赢得2008年第29届夏季奥运会主办权后，根据大会议程，时任北京奥申委主席、北京市市长刘淇，时任中国奥委会主席袁伟民从前国际奥委会主席萨马兰奇先生手中接过《第29届夏季奥运会主办城市合同》，并郑重签字。

几分钟后，北京城的众多居民不约而同地走出家门，奔向室外。几分钟后，在北京西郊、北郊、四环以内已经打不到出租车，每一条马路上如同暴发了山洪，瞬间车流便挤满了二环、三环、四环……更多的人选择了走。

每一条路，无论多宽的路，都是人满为患，车满为患。

火树银花不夜天。

呼喊吧，哭泣吧！在浩浩荡荡的人群里，大家失去了自己的语言，失去了自己的职业，失去了自己的伙伴，所有人不知道该说些什么，更多的人开始“嗷、嗷”地努力呐喊。人们互相握手致意，然后挤到人群之中再去和下一个人握手。无数双手在霓虹灯下握在了一起，每一双手都是湿漉漉的，手心是汗，手背是泪。

一时间，世界上只剩下了呐喊的声音，无数的呐喊，无数的叫喊，不分彼此，不分男女。泪水淹没了声音，声音又盖住了泪水。没有人能听见自己周围的人在说些什么，没有人关心周围的人在说些什么。无数焰火布满了幸福的夜空，焰火之后还是焰火，人群外面还是人群，国旗、掌声、呼喊、烟火，世纪最华丽的光影交响曲，在北京城中心瞬即拉开了大幕。

北京电视台未雨绸缪，预先派了两台摄像机，早早守候在天安门广场。

所有的历史注定要被这两台摄像机记录下来，所有的历史注定

在中央电视台的大型直播晚会上，文体明星会聚一堂，庆贺胜利，尽情抒发喜悦之情。

要青睐这两台有“预见性”的摄像机，人群在摄像机里沸腾、冷却，然后被胶片定格。在7月13日的更晚时分，在次日的各档新闻栏目中，我们有幸从那两台幸运的摄像机中，再次接受了天安门广场那狂风暴雨般的人群的洗礼，再次重温了那个壮怀激烈的不眠之夜。

2. 莫斯科眼泪横飞

如此“疯狂”的北京之夜，在不断有大型庆祝活动的北京，自新中国成立以来，也是极其少有的场景。那一夜北京的狂欢，我并没有置身其中，同北京城一百多万——这个庞大的为奥运欢呼的庆祝人群相比，我周围庆祝的人数就要少许多许多，我没有亲眼看见如此多的庆祝者激动的面容，也没有聆听到那么多人在夜晚的北京街头为奥运倾诉。但同他们相比，我离奥运风暴的中心更近，也有幸目睹了更多惊心动魄的镜头和瞬间。

当时，我作为北京奥申委赴莫斯科代表团的一员、作为北京申奥的多媒体总策划，和国家领导人李岚清同志、北京市的一些领导以及许多奥申委的同事一起，远赴俄罗斯的莫斯科城，亲临陈述现场，在国际奥委会第112次全体委员会议上负责申奥陈述等诸多工作。

在莫斯科的那个难忘的日子里，在最终结果出来前几个小时，我们这些工作人员简直无法控制自己的情绪：一方面，我们满心焦急地等待着结果；另一方面，我们是工作者，还要冷静地处理工作上的程序，一会儿觉得兴奋，一会儿又觉得压力陡增。打个比方，我们就像得了风寒和热感冒，浑身忽冷忽热。在那种紧张压抑的情绪里，每个人都觉得自己已经不再是自己了。

我们兴奋地等待着结果，正像我 1977 年参加高考后等待成绩结果一样，但今天交的是全国人民向我们出的一张考卷呀！此时还要告诫自己不能有丝毫放松和马虎，在那样的心境下，在异国他乡，我们这些工作人员经历了漫长的、精心的准备后，等待着最后那一秒。

当天下午，按照北京奥申委的要求，除了到现场参加陈述的人员及现场助威团以外，其他工作人员全部集中到中国驻俄罗斯大使馆的电影厅里收看转播。等我和其他的同事急匆匆地在友谊大道下了车，奔到大使馆的电影厅里，发现偌大的电影厅里已经坐满了人。

北京时间 7 月 13 日晚上 10 点 5 分刚过，第二轮投票结束，统票工作立刻开始。莫斯科国贸中心的电影厅一片寂静，静得可怕，静得让人揪心。坐在电影厅里的五个群体，面对着四种可能出现的结果（当时日本大阪在第一轮投票时已经被淘汰）。但那一刻坐在那一位置，大家只有一种心情：紧张，令人窒息的紧张，紧张到无法说出一句话，无法大声呼吸，无法安然入座。

当我们通过大屏幕看到萨马兰奇先生宣布“获得 2008 年奥运会举办权的城市是北京”这句话时，电影厅哗啦一片座椅的响动，北京申委团队的所有人立刻从座椅上跳起来，我们声嘶力竭地大喊，“啊——啊——啊！”

旁若无人，只想大喊。

与此同时，我所在中国驻俄罗斯大使馆的电影厅里坐着五六百人，整个屋子瞬间乱了，乱得好像有成千上万的人；整个屋子炸了，那么多人同时呐喊，好像那一刻全世界的声音都从这间电影厅里发出。我们都不知道台上屏幕中播出的内容，各自在呼喊，大家互相握手致意，紧紧攥住旁边同事的手，喊得自己嗓子发麻，喊得双眼模糊，喊得顾不上去擦眼角的泪水。在亲眼看见了萨马兰奇先生宣布北京获胜的这一历史性的时刻，怎么能不欢呼，怎么能不呐喊，怎么能不哭泣！

世界被那片跳起的耀眼红色震撼了！

世界被那面鲜红的五星红旗和红旗下眼泪纷飞的中国面容震撼了！

莫斯科的庆祝活动就从我们在电影厅里的惊人一跃、奋力一喊中开始了。

回想起来，同北京的沸反盈天相比，莫斯科一点儿也不逊色，在那里，也同样是无法抑制的狂欢和一阵又一阵的哭泣。所有的人都在哭，所有的人忽然丧失了语言能力，已经无法说出什么有逻辑

支持北京申奥的声援团和当地华人在莫斯科红场欢呼胜利。

的句子：无论他是多么有经验的专家，多么冷静的工作人员，置身那样的氛围里，谁也控制不住自己的情绪。

回国以后，我惊奇地发现自己和同事们在宣布结果之前紧张的面容被摄影师抓拍下来，辅以“感受那一刻心跳”的标题，刊登在了2001年7月14日的《北京晚报》上：我和其他陈述组的三位同事，手紧紧握在一起，眼里满是憧憬和必得的信心，神情又多少有些紧张——那是在萨马兰奇先生宣布结果的前几秒。我的同事们看到这张照片后，给我打电话来，说：“黄总，我看到你了，我们都能感受到那一刻你的心跳。”

“我们都能感受到那一刻你的心跳”，这样的问候让我很感动。最让我感动的是，我公司里负责后勤工作的一位大姐，一下子买了30份那天的晚报。我回国后，她赶紧把厚厚一沓报纸拿给我，对我说：“我看到好多人都在买这份报纸，上面有你呢。”后来，那份印着申奥成功的《北京晚报》足足卖了140万份。

在北京申奥成功的那一天晚上，庆祝完毕后，我和曲志东以及其他几个同事回到宾馆，大家毫无睡意，恨不得熬个通宵，等到次日直接坐专机返回北京。没了睡意，大家开始互相“串门”，互相问候。当时，我的一个同事来到我的房间对我说：“黄总，真没想到你这个多媒体总策划，这么冷静的一个人物，当时会哭成那样，眼见着你‘哗’地一下，眼泪就四处横飞起来，汹涌澎湃极了。”

我半信半疑地问他们：“我真哭得眼泪横飞？”

“你说呢？”他用手模仿着我眼泪飞出去的情景，然后冲我乐呵呵地喊道：“黄总，给你模仿一下，当时，你的眼泪就是这么嗖嗖嗖地横飞出去了。”

我开玩笑地道："你们说的那是箭吧？！"

后来等我回国后，看到报纸上印着我和同事们握手庆祝的那张照片，惊奇地发现，我的眼睛真是通红通红的，那是热泪纵横的铁证。继而我开始相信同事们说的那些话：那一天，在美丽的莫斯科，我这个奥申委陈述报告多媒体总策划，真的就那样在大庭广众之下，在众目睽睽之下，肆无忌惮地眼泪横飞了一把。

我禁不住掩面而泣，并立即致电国内亲友告之喜讯。

回头想想，在那样的场合，在那样的历史时刻，在那样压抑了七年时光之后的迸发，在忙碌了七个多月的申奥准备，轮到谁，谁不会眼泪横飞呢？

3．提前摆好庆功酒

我们在莫斯科举行庆祝活动的现场原本定在露天舞台，面对突如其来的大雨，只好转移到中国驻俄罗斯大使馆的电影厅里。

萨马兰奇先生宣布北京申奥成功后大约半个小时，李岚清副总理带着陈述人员和现场助威团团员赶到了大使馆。当时使馆外已经被庆祝的人围得水泄不通。更让人感动的是，当时国内民间组织的“申奥助威吉普车团队”的车手们风尘仆仆从中国驱车来到了俄罗斯，赶到了莫斯科的中国驻俄罗斯大使馆前。几十位车手憔悴面容难掩极度兴奋的情绪；这个故乡车队的到来，让现场几近“癫狂”状态。几十辆沾满泥尘的车上彩旗飘扬，车手们爬到车顶，摇旗呐喊。一时，友谊大道沸腾了，现场被这群“中国远征军”点燃了。

陈述人员还没回到使馆，大使馆露天舞台的主席台上方就已经拉起了一条宽大的横幅，横幅上写着：“热烈庆祝北京申办2008年奥运会成功！”当时，现场的很多记者举着照相机对这条横幅，长枪大炮般狂轰滥炸，之后，他们交头接耳地谈论着，为这条迅速打出的横幅而惊讶。其实，谁能知道，为了在最短的时间里就开始申奥成功的庆祝活动，这条横幅在萨马兰奇先生宣布结果之前，就已经悬挂在主席台上方了。

有人会问，你们怎么会这么自信？难道你们早就知道申奥结果了？或者是听到什么内部消息了？早早挂上这条庆祝横幅的原因当然不是事先已经知道了结果，更不会有什么内幕消息。

在萨马兰奇先生打开信封宣布结果之前，虽然我们相信北京获胜的把握最大，但一切都存在变数，一切还可以用“未知”来形容。事先挂上这样庆祝胜利的横幅，一方面当时是源于我们对申奥结果的自信，虽然说“必胜”这样的字眼过于刺目，但在莫斯科浓重的申奥氛围中，我们确确实实相信北京一定会赢。另一方面这是事先必须要做的准备工作之一，等到真的宣布了结果，再去准备横幅就晚了，晚一分钟都不够时效性。

可事先把横幅上的字贴上去，自然影响不好，为了不让别人“说闲话”，说北京代表团“狂妄自大”，在宣布结果之前，工作人员先把长布悬挂在露天舞台上方，把“热烈庆祝北京申办2008年奥运会成功”这些字提前制作出来，等申奥成功只需要往布上贴就可以了。所以，从外面看，悬挂在露天舞台上的只是一块红布而已。

“万事俱备，只欠东风”，等申奥结果一宣布，18个大字立刻被贴到红布上，长长的条幅在微微的莫斯科的暮风中欢快地向全世界展示开来！

除了预先准备这条长长的横幅之外，北京奥申委还在驻俄罗斯大使馆里提前准备了一千多人的招待酒会。当然这场酒会同那条庆祝条幅一样也是秘密准备的。

这个盛大的酒会甚至一度让大使馆的工作人员犯愁，如果当天晚上申办不成功，准备好了的一千多人的酒饭怎么办？到时谁还有心情来吃这顿大餐；假如失利了，事先摆酒会的消息传出去，该多难为情？为了不让负责摆庆功酒的使馆工作人员发愁，酒会的消息和那条横幅的消息在宣布结果前当作机密一样封锁，故而现场的记者对横幅和酒会感到十分惊讶。

当晚北京时间22点08分，萨马兰奇先生向全世界宣布北京获胜，关于长横幅和酒会的疑虑立刻被打消了。

长条幅向世界飘扬！

酒会向在莫斯科忙碌的北京申奥代表团和来自世界各地的国际奥委会委员们敞开！

源源不断地有在莫斯科的中国人赶往大使馆参加现场联欢。

有演艺界的名人，有留学生，有许多热爱中国的俄罗斯友人……他乡遇故知，又是在这样的"金榜题名时"，所有的人都幸福地呐喊，欢快地雀跃，现场有些控制不住，许多人往使馆区涌来，像源源不断的洪水。

我们在大使馆电影厅里观看转播的奥申委工作人员在焦急地等待了半个小时左右，李岚清副总理带领陈述的同事及助威团成员来到了大使馆。陈述当天，共有16位身着灰西装的陈述人员坐在大会主席台右端的陈述台上，台下右边则坐着50名着红色西服的北京申奥助威团团员。顿时，大使馆沸腾了。申奥代表团的队伍进了大使馆，我们这些在电影厅里收看转播的工作人员才知道，老天就在刚刚下了一场大雨：李岚清副总理、刘淇主席的身上挂着雨滴，张艺谋的手上则是拿着一把雨伞，这些镜头，都被蜂拥而至的记者抢拍到了——我和张艺谋留下的那张合影里，笑得一脸灿烂的他手中的雨伞还没舍得扔掉。说来竟是何等巧合，当天在北京代表团陈述前，外面还是晴朗的天，悠悠的云。可等到最终结果一宣布，大家眼泪滂沱之时，外面的天气也陡然变了色，跟着我们一起落了"泪"，哗哗下起雨来。

张艺谋导演与我在大使馆合影。

我和刘淇主席在开招待会之前。

刘淇主席眼圈还红着，老远就看到了人群中的我，指着我大声地喊了一句："老黄，你可以安心睡觉了！"当时，在整个冲刺申奥的那么多日夜里，我被公认为睡得最少的人，平均每天四五个小时的睡眠时间。在这样的巅峰时刻，刘淇主席对我说出这样的话，"你可以安心睡觉了"，简直直中我心扉，我上前搂住刘淇主席，用力地拍着他的后背；与此同时，刘淇也拍起了我的后背，没有多余的话，只有这样质朴的动作才能表达出我们最为复杂的感情。时任刘淇的秘书赵长山站在我身后，焦急地喊："轻点儿，轻点儿，别把刘淇主席给拍坏了！"

之后，我和其他一些同事被挂了"牌"进入接待大厅。那天，使馆里庆祝的人太多，核心团队的人每人发了一个嵌了红色绒线中国结的圆铁牌。在那里，我们受到了李岚清副总理的接见。李岚清副总理

李岚清副总理的亲切接见让中国申奥代表团成员备受鼓舞。

时任国务院新闻办副主任的杨正泉与我在受李岚清副总理接见之前满怀期待。

和我们一一握手，表示慰问和庆祝。第一个握手的是奥运体操冠军刘璇，第二个是我，第三个是张艺谋……过往的日日夜夜，过往的拼搏，让我们这些伴着申奥一路走来的人，在与副总理握手的同时，感到了岁月沉甸甸的力量与收获，感到了人生巅峰一瞬的莫大幸福与喜悦。

来大使馆参加庆祝大会的人越来越多，看来电影厅是容纳不下了。很快，有人通知，庆祝大会按原定计划在露天舞台召开，于是所有人赶紧往露天舞台那边挤。庆祝大会召开时，雨刚停不久，主席台上大片的草坪都是湿漉漉的，几棵白桦树还在不停地滴水。

那一天中国驻俄罗斯大使馆的庆祝大会上，让我感触最深的是当时李岚清副总理说的那句话：“希望大家加倍珍视来之不易的成果，继续发扬成绩，戒骄戒躁，再接再厉，把北京 2008 年奥运会办成现代奥运历史上最出色的奥运会，为中国、为世界留下独一无二的遗产。”

“为中国、为世界留下独一无二的遗产！”

这是怎样的理想，是怎样的气魄，又是怎样的豪言壮语，所有的人被李岚清副总理这句话感动了，大家拼命地鼓掌。紧接着，露天大会现场开始集体回忆起在莫斯科世贸中心的那一幕巅峰时刻大家的“疯狂”。

庆祝大会结束以后，人们久久不愿散去……

紧接着，宴会厅里的招待会开始了，几辆大巴把所有国际奥委会的委员直接从陈述现场拉到大使馆。这些国际奥委会的委员们受到了北京奥申委最热烈的欢迎和款待。他们刚进大使馆，就被挂上了一个通行证——一个红色绒线中国结。几十箱申奥小礼品：中国结、印着北京申奥标志的T恤等向一百多位委员敞开发放，有的委员挂了满满一脖子的中国结。此刻，这批从北京空运过来的申奥礼品从这里开始了它们走向世界的旅途，我们向世界宣布，2008年奥运会的举办城市是——北京。

这种震撼人心的喜悦就像一杯刺激而过瘾的茅台酒，其浓烈的芳香与悠长的回味令我们深醉其中，流连忘返。此时，每个人的眼中都充满了感激，每个人的形象都有了新的诠释，每个人对彼此都充满了祝福。

申奥成功，意味着申奥阶段的结束和举办2008年奥运会阶段的开始，同时也就意味着奥申委即将解体，将成立奥组委开始新的征程。我们之中有很多人突然发现自己与亲密共处的领导和同事之间竟然没有一张合影，于是我们开始疯狂拍照留念。我们用各种不同形式

我和乔治·赫斯勒（奥林匹克传播专家）在招待会现场。

喜不自胜的我们：侯欣逸部长、刘曙、周旭辉和我在招待会现场。

泪雨滂沱之后，我和奥申委的同事们万般滋味涌上心头（摄于驻俄大使馆电影厅）。

自信与自豪同时写在我们脸上（我与时任刘淇主席秘书的赵长山）。

7 月 13 日晚，我与原国际奥委会执委、原国家体育总局副局长于再清合影于招待会前。

7 月 13 日晚，我与原奥申委外联部副部长在招待会现场。

7 月 13 日晚，原奥申委体育部主任、陈述人楼大鹏和我在招待会现场。

7 月 13 日，北京取得申奥成功后举办露天庆祝会，我和周旭辉（左）、喻红（中）笑得合不拢嘴。

的组合，各种Pose和笑脸，各种表情与动作表达心中的喜悦与自豪，四处的歌声、笑声、碰杯声和拥抱时的拍打声都在合奏着这场盛大的狂欢交响乐。

李岚清副总理和刘淇主席也加入了我们的狂欢，他们分别在招待会上作了讲话，录发言稿如下：

李岚清副总理的讲话

各位女士，各位先生们：

我在此十分感谢国际奥委会的各位对中国的信任，把2008年奥运会主办权授予了中国——北京。

2001年7月13日晚，北京申奥成功的消息从莫斯科传来后，聚焦在北京中华世纪坛的首都各界人士举行盛大庆祝活动，40万群众自发来到天安门广场，北京到处充满了欢乐。时任党和国家领导人江泽民、李鹏、朱镕基、李瑞环、胡锦涛、尉健行等在世纪坛和天安门广场，与各界群众共享欢乐。江泽民主席在现场给远在莫斯科的李岚清副总理打电话，对北京申奥成功表示热烈祝贺。图为江泽民主席在世纪坛发表讲话。

刚刚，中华人民共和国江泽民主席从北京打来电话，让我向国际奥委会主席萨马兰奇先生，以及全体国际奥委会的委员们对我们的信任表示衷心的感谢，对全体支持中国申奥的朋友们表示衷心的感谢。

我们已经作了庄严的承诺，一定会尽我们最大的努力，把2008年奥运会办成奥运历史上的最出色的、有历史意义的奥运会。我们要学习巴黎、多伦多、大阪、伊斯坦布尔等城市的长处，来共同合作，把这一届奥运会办好，中国政府全力支持北京市，一定把奥运会办好。

谢谢！

刘淇同志的讲话

尊敬的德弗朗丝副主席和各位IOC委员，尊敬的李岚清副总理，武韬大使，女士们，先生们：

今天是令每一个中国人、每一个北京人和我们所有的朋友们感到光荣和自豪的日子，北京获得了举办2008年奥运会的荣誉，实现了中国人民长久以来的美好的梦想。

我们在这里要感谢国际奥委会的各位委员给予我们的信任和支持，首先我想邀请诸位下个月到北京出席第21届世界大学生运动会的开幕式，你们将受到北京人民最为盛情的欢迎和款待，我们愿意今后和大家一起亲密合作，携手共进，把2008年奥运会办成一次出色的奥运会。

谢谢大家！

招待会上原中国奥委会主席、国际奥委会副主席何振梁先生与奥申委工作人员合影。

我与何振梁先生及其夫人在招待会现场合影。

2007 年 11 月 22 日，我与时任国际奥委会主席罗格在瑞士洛桑奥林匹克博物馆

我与格林斯潘（左）和前悉尼奥组委 CEO Sandy Holway 在招待会现场。

当天的招待会现场唯一的遗憾就是萨拉兰奇先生没有亲临庆祝现场。萨马兰奇本人十分想来参加，但当时因为一些情况和繁忙的工作，他最后还是放弃了。我们这些为申奥忙碌的人差不多都知道，萨马兰奇先生非常支持中国申奥，也非常希望中国能够获胜，他一直对这个古老的东方国家有着别样的兴趣与发自内心的亲近感。也一直希望把奥运圣火传到北京的手里。北京申奥成功了，也算了结了萨马兰奇先生的一个心愿。

几个小时的狂欢之后，大使馆里的人群渐渐散去。等我从极度兴奋和喜悦中稍微冷静下来，才发现大厅里已经没有几个人了。和我一起留在招待会现场到最后的是当时北京奥申委的办公室副主任曲志东，我们俩穿过一片“狼藉”的酒会现场，往大使馆外面走去。

我和老曲一起走到走廊边的储藏室，决定进去拿一些纪念品再回宾馆。等我们俩进了储藏室，吓了一跳，刚才还满满当当的储藏室转眼间被“洗劫一空”，里面是成堆成堆的纸箱和各种包装胶带、绳子，唯独不见往日堆积如小山一般的纪念品。当时去莫斯科，我们一共带了400多箱申奥宣传用的纪念品，装了满满一专机，有雨伞、棒球帽、旗子、宣传用的T恤等。没想到，转眼间，就被那些我们邀请来的国际奥委会的委员们给“瓜分”殆尽。

我们俩不甘心，翻箱倒柜想找出一些残留品。在一个角落里，我和老曲惊喜地发现了十几顶棒球帽。我们俩如获至宝，赶紧拿上那些棒球帽，一同走出了莫斯科大使馆。

一出门，我们就被门外的气氛感染了，空荡荡的大街已经没有什么行人了，远处是一排排冰冷的苏式建筑，与大使馆的中厅门两两相望，宽阔的大街旁是寂静的白桦树。深夜的街灯把白桦树的影子拉得长长的，在雨水冲洗之后，白桦树展现出了最优美的一面！啊，莫斯科的白桦树，今夜你也在为北京高兴，也在为我们高兴；以忧郁而闻名的俄罗斯的白桦树，在那一夜，你也只感到了喜悦。使馆门口，停着最后一辆返回奥申委工作人员下榻的金环酒店的大轿车。我和老曲再次回眸看了喧哗之后的使馆，望了望那两排高大的白桦树，然后登上了大轿车。车上坐着几个外国人，那个四五十岁的俄罗斯司机见我们俩上了车，冲我们俩善意地笑笑，立刻发动了汽车。

这样的气氛同刚才喧嚣的气氛相比，更能让我们觉得豪情在身。我们俩踏进大轿车往莫斯科城中心驶去。上了车，我们俩径自走过车内长长的通道，坐在了大轿车的最后一排，车外两排的路灯向后涌去，寂静的莫斯科深夜，在我看来却四处充盈着北京申奥的标志——我的这种感受，表明了那一夜的莫斯科城属于中国，属于北京。

我和老曲把手上的那些棒球帽送给同车的外国朋友，然后打开车窗，对着空旷的莫斯科城大声唱起京剧《智取威虎山》的片段：

穿林海，跨雪原，气冲霄汉。
抒豪情，寄壮志，面对群山。
愿红旗五洲四海齐招展，
哪怕是火海刀山也扑上前。
我恨不得急令飞雪化春水，
迎来春色换人间。
……
今日痛饮庆功酒，
壮志未酬誓不休。
来日方长显身手，
甘洒热血写春秋！

申奥成功让我们（我和曲志东）充满力量。

这熟悉的旋律在我们生命中若干场景被一遍遍唱过，而在这样特殊的时刻，我忽然唱出了豪情，唱出了最为特别的感受。我们嘶哑的嗓子把这段经典唱腔唱得支离破碎，但这段几乎是喊出来的京剧还是吸引了同车的几个美国人的注意，他们好奇地听了一段，之后便转过头用英语问我和老曲：“你们唱的是什么？”

我和曲志东异口同声回答他：“Beijing Opera（京剧）！”

之后，我们俩自豪地相视着大笑起来。

雨水冲洗后的莫斯科给我带来一种全新的感受。我靠在大轿车的车窗边，望着异乡的风景，望着欢呼的人群，望着北京元素贴满了莫斯科街头，我在想，北京这一刻，该是如何火爆的场面呢？

4. 珍藏那些辉煌数字

2001 年 7 月 13 日晚上 22 时 08 分，北京获得了 2008 年奥运会的主办权。

北京时间 7 月 13 日 22 时 11 分，在陈述现场的新华社赴莫斯科记者向祖国发回急电：“2008 年奥林匹克盛会选择了北京。”

奥运会最终还是选择了北京。在声嘶力竭地为北京呐喊之后，我通过电视屏幕，看到莫斯科世贸大厅的陈述现场一片混乱，很多国际奥委会的委员们都涌向何振梁先生身边，向他表示祝贺。让我特别感动的是何振梁与中国台湾的国际奥委会委员吴经国相拥而哭的那个场景。陈述大厅的现场立刻“兵荒马乱”，有人不小心摔倒在地上，有椅子被撞坏撞翻在地，有摄影支架被踢翻，有许许多多嘈杂的叫喊和欢呼；与此同时，供各国申奥代表团休息的电影厅里也开始跟着混乱起来，其他几个代表团也涌向中国代表团周围向其表示祝贺。

瑞士奥委会主席沃·卡奇当即向北京奥申委表示祝贺：“现在应该是北京举办奥运会的时候了。”

作为竞争对手的加拿大体育部部长丹尼斯·库珀面对记者的镜头说：“结果就是结果，今天北京很幸运。”

无数次，千千万万次，我重新回忆起那段记忆缤纷的时光，都会被那种极度的欢庆所感染。所有的人，所有别的国家的人，都不断地重复着：

“China China……”在那种氛围中，我长久地被震撼着，被感动着。

等我回国后，通过媒体和报纸发现不仅是我被震撼着、感动着；我的同事们被震撼着、感动着；千千万万的中国人都被震撼着、感动着。回国后那一段时间，我几乎没有闲下来，所有的朋友蜂拥而至，向我询问申奥过程中那些惊心动魄的故事。同时，我开始把报纸上的一些数据剪裁下来，来见证我个人生命中的这段独特的历史和插曲。到后来，在北京召开了庆祝申奥成功的表彰大会，我是受表彰者之一，我的心情再次被这种盛况所感染。翻开我的日记本，可以看到我清楚地记下了7月13日那天因为申奥成功而产生的那些辉煌而“恐怖”的数字：

3000万人次：7月13日当晚，新浪网访问量突破3000万人次。

100多万条祝贺信息：7月13日当晚，寻呼台发出祝贺短信100多万条。

100万人共狂欢：7月13日晚在北京参加庆祝的人超过100万。

40万人在广场：7月13日晚10点刚过，天安门广场人数瞬间突破40万，达到广场最大饱和度。

20公里：长安街上东西两向庆祝的人群长达近20公里。

15万面旗帜：一个小时之内，15万余面带着申奥标志的旗子和国旗被庆祝人群抢购一空。

20多万张邮票：14日凌晨开始，14个邮局售出申奥纪念邮票20多万张。

72万听可乐：北京可口可乐公司连夜生产出72万听奥运金可乐。

66000个汉堡：为了庆祝北京申奥成功，麦当劳免费送出66000个汉堡。

在这些惊人的可堪“吉尼斯世界纪录”的数字背后是另外一组数据——陈述材料中的那些令所有奥委会委员放心的数字。我在负责多媒体总策划时，最注重的就是用数字表现中国，用数字来展示中国人对于申办奥运的决心：

在李岚清副总理的陈述中，列举了中国人民健康水平的相关数字；

在刘淇市长的陈述报告中，列举了“在 4 亿年轻人中传播奥林匹克理想”“通过了一个 12.2 亿美元的预算”“95%以上的人民支持申办奥运”“60 万志愿者随时准备投入奥运会”“北京的财政收入增长超过 20%”等具体数字；

中国奥委会体育主任楼大鹏在做关于奥运体育场馆建设的陈述时，基本上是用实际的数字来说明的。

以上这些数字在 2001 年那段紧张忙碌的日子里，一次又一次被我用各种字体调整，直至它们尽善尽美地呈现在奥申委陈述人的陈述报告当中。当时如何处理这组沉甸甸的幻灯片结尾，是我和多媒体策划的同事们考虑最多的一个问题。凤头猪肚豹尾，前面开头很好，中间也富有感染力和说服力，那作为“豹尾”的最后一张 PPT 幻灯片该怎么做呢？

有人提出用中国传统建筑的风景画做结尾，有人提出用动漫手法来结尾，大家意见不太统一。商量来商量去，大家一致的意见还是用数字，毕竟在事事都较着劲的陈述现场，在全世界的目光面前，数字是最有力的武器，是最具杀伤力的武器——这最后一张 PPT 图片就以中国最壮观的数字在那天征服了国际奥委会委员们的心。

A Dream Shared by 1.3 Billion People——13 亿人民的一个共同梦想！

5．三篇社论，两种心情

北京申奥成功之后，忙坏了莫斯科城里的一批人——随北京奥申委出征的中国记者。别人可以狂欢，这些媒体的记者却需要投入工作当中，急着在第一时间把“莫斯科消息”传给国内的媒体和国内的人们。就在那天，新华社发自莫斯科的那篇庆祝北京申奥成功的通稿却历经“坎坷”。

在申奥投票前，新华社准备了两份稿件：一份为成功之后的通稿；另一份是申奥失利的通稿。按照规定，无论是成功还是失败，通稿的发布需要奥申委主席刘淇亲自签发。申奥成功之后，新华社负责新闻稿件发表事宜的李贺普拿着那封激动人心的成功通稿来到大使馆找刘淇主席签字，没想到，送稿子的过程却一波三折。

我在上文曾说过，当天庆祝会现场人太多，于是采用了临时特殊证件，所有进入大使馆的人都发了一个中国结，而核心团队成员则发了一个带铁牌的中国结。后来，庆祝大会临时改到露天舞台后，只有被“挂牌”的人才能上台，其余的人则被负责现场秩序的工作人员统一拦在外面。因此，当李贺普拿着通稿来到台下，也被工作人员拦在外面。当时，现场非常嘈杂，李贺普喊道，我是新华社的，我要找刘淇主席签字。没有人听他说，现场太乱，没有人注意到他的喊声，所有人都在幸福地呐喊。眼看时间一分一秒过去，他却无法和刘淇主席取得联系，急得在台下团团转。这时，他恰好遇到了曲志东。曲志东知道他是来发新华社通稿的，就赶紧带着他挤到台前，冲我喊：“老黄，老黄，赶紧过来。”

之后，我赶紧拿着那份通稿走到台前面就座的刘淇主席那里，对他说：“这是新华社的通稿，需要您签发。”刘淇主席接过那篇通稿，刚要打开，李岚清副总理忽然把他拉走了：“刘淇，赶紧走，国际奥委会的委员们来了，听说萨马兰奇主席也来了。”刘淇主席把通稿又折起来放入西装口袋，和李岚清副总理一起往台后走去。

我赶紧来到前面，对曲志东和李贺普说，我交给刘淇主席了，你们也看见了，他没来得及看，就被李岚清副总理拉走了。李贺普几乎要哭出来，来不及了，来不及了，再晚就会被国内批评了。曲志东问他，一定需要刘淇主席签发吗？他说必须要刘淇主席签发，哪怕是口头签发。曲志东对我说：“老黄，现在只有你被‘挂牌’了，这事还得靠你才行。”

我自知此事重大，可望着远去的李岚清副总理和刘淇主席，也爱莫能助，我该怎么办？情急之下，我猛然想起了口袋中的“保密册”。在莫斯科申奥期间，核心人员配发了一个保密级别相当高的联系手册，我也有一份。我赶紧从中找到时任刘淇秘书赵长山的电话，拨通了他的手机。电话那边，一片嘈杂，经过一番询问后赵长山兴奋地说：“老黄，没问题，告诉他们，发吧！”

于是，那篇热情洋溢的通稿，立刻从莫斯科传回祖国，通过新华社，传遍祖国大江南北，长城内外，传遍全球：北京申办 2008 年奥运会成功！

7 月 13 日，成功发出新华社新闻通稿后，我和曲志东（左）、李贺普的合影。压在领带下的是张“特殊通行证”。

说到跟北京申奥相关的社论，我还想讲一件事。在我的奥运日记里，贴着这样一则剪报，它面积不大，颜色泛黄，从它诞生那一刻到贴到我本子上，再到2007年底已经有十几年的漫长时间了。在很长一段时间，在2001年那段不眠之夜，它上面的每一个字都重重地压在我的心头，那些话刺激我的好胜心同时，也时刻告诫我，为了新一次的申奥，我们必须付出更多的努力：

我们尊重国际奥委会的选择，祝贺悉尼申办成功。同时对国际奥委会对中国申办工作的支持，一如既往充满感激之情，对全世界也一如既往充满友好之情。今后中国将更加敞开胸怀，欢迎四海宾客，广交五洲朋友，坚定不移地走向世界。开放的中国盼奥运，开放的中国完全能够办好奥运。办奥运，不论是今天还是以后，都是中国人民的强烈愿望。

这是1993年9月23日北京在摩纳哥蒙特卡洛申奥失利后，《人民日报》发表的题为《坚定不移地走向世界》的社论中的部分文字。当时，整个中国对奥运的渴盼非常强烈，加上那一次申奥的前三轮的投票，中国的票数都领先悉尼，谁都以为2000年奥运会的主办权会花落北京。可谁想到在最后一轮出现那样的惊天逆转，会让中国人在深夜里无法安然，巨大的失落使举国上下陷入了群体性的悲伤之中。这篇社论给受伤的中国人民心里带来剧痛后的抚慰，号召中国人从那时起就要鼓足勇气，总结经验，不悲伤、不叹气，要团结一心，众志成城，继续开始漫长的申奥之行，在这篇社论后面还有这样一段文字：

得而不骄，失而不馁，这是中国人民应有的气度和风范。“风物长宜放眼量”，来日方长，后会有期。我们相信，在这个占有世界1/5人口，有960万平方公里国土和5000多年文明史的东方国家，奥运会五环旗高高飘起的日子，不会是很遥远的。同胞们，让我们为迎接这一天的到来继续努力！

其实，通过其他一些途径，我得知，这篇后来刊发的略带悲壮以及启志功用的社论是“备用品”，是以防万一申奥失利后的刊用文章。在它之外，还有一篇文章，那自然是为申奥成功后准备的，当然，因为当年申奥的失利，它已经不被人知晓，甚至很多人根本不知道还有另外一篇社论的存在，这篇社论的文字，我有幸也找到了，这篇社论的名字叫：《北京感谢世界》，文章写道：

众盼奥运，梦想成真。北京感谢世界！第27届奥运会是在告别20世纪，迎来21世纪之际举行的一次盛会，具有跨世纪的意义。千载难逢，举世瞩目。国际奥委会做出了历史性的选择，给中国以崇高的荣誉和宝贵的机会。中国人民将不负重托，全力以赴，交出一份令全世界人民满意的答卷……开放的中国盼奥运，开放的中国完全能够办好奥运。同胞们，让我们伸出自己的双手，迎接2000——一个新的奥林匹克地平线！

历史同中国开了个玩笑，奥运同中国开了个玩笑。与最后的成功失之交臂后，我们自然不能轻松地说没什么，说我们不怎么在意。毕竟奥运那是人类的盛会，那是世界的梦想，是蓝色地球的更高更快更强的至纯梦想。它曾经离我们如此之近，却只因两票之差，就离我们远去，这又怎么能让我们不在意？

带着上面那样一则剪裁下的社论，我开始了自己在奥申委的工作。

在七个多月的时间里，我把它时刻记在心里，当时把它特意剪出来，当然没有卧薪尝胆的意思，我只是告诉自己，我要认真面对自己的每一分钟，要做好每一张陈述用的多媒体演示稿，甚至于要精心打磨陈述报告中的每一个文字。面对这么重大的事情，我不能有任何马虎。除了督促自己认真工作外，那则社论也深深触动了我，我想，在申奥失败的阴影下，它也定会深深触动中国人的奥运情结，这些是我不能忘记的。

经过漫长的七个多月的冲刺，中国成功了，奥运会五环旗在中国大地上高高飘起的日子终于要到来了。

在萨马兰奇宣布北京成为2008年奥运会的举办城市之后，我在莫斯科向国内的亲人拨通了两个电话，我想把成功的喜悦心情，与他们一起分享。其中之一打给了我的母亲，她当时刚从大病中康复过来，由我姐姐陪着，她老人家在长沙，我当时带着巨大的压力，抱着“忠孝不能两全”的想法，来到了莫斯科。我们最终还是令人欣慰地成功了，我对母亲说：“我们成功了，我成功了！我们申请到了奥运会。”

坐专机从莫斯科回到北京，我赶到新侨饭店收拾了一下，安置好带回来的设备，就往家赶。刚回到家里，就迫不及待地打开《人民日报》，那则社论的名字叫《谱写奥运史上最壮丽的篇章》，读罢社论，我心中久久不能平静，它开篇的第一句话就是：“中国人的‘奥运之梦’实现了！”这个简短的句子包含了多少复杂的感情，包含了多么激昂的民族情绪，我同样把它剪下来，贴到我的奥运日记中：

这个时刻我们已经等了很久，中国人民由衷地喜悦，尽情地欢呼。我们感谢国际奥委会的信任，感谢港澳台同胞和海外侨胞的鼎力相助，感谢国际社会的支持。中国人民将不负众望，全力以赴，成功办好2008年奥运会……

奥运选择北京，世界看好中国。正如国际奥委会在评估报告中评价：2008年北京奥运会，“将给中国和世界体育留下独一无二的宝贵遗产”。在占世界人口五分之一的中国举办奥运会，是有史以来的第一次，奥林匹克运动将更大规模地普及，奥林匹克精神会更广泛地弘扬……

2008年的北京，天空会更蓝，城市会更美，五环的旗帜会更鲜艳。中国人民意气风发，信心百倍，将奋力谱写奥运史上最壮丽的篇章。

对比当年摩纳哥申奥失利的社论，再读到莫斯科申奥成功的社论，对比之下，心中怎能不兴奋，胸中又怎能没有豪情！我想起了陈述当天，北京申奥代表团所做的那些铿锵有力、掷地有声的庄严陈述。

李岚清副总理代表中国政府坚定地向奥委会承诺：“我保证，2008年奥运会需要的任何帮助，政府都会提供。”

何振梁向国际奥委会的同事们坦言：“你们今天的决定，将瞬间传播到地球的每一个角落。如果2008年的奥运会主办权能够授予北京，我可以向你们保证，七年后的北京，都让你们为今天的决定而自豪。”

杨澜面对全体国际奥委会委员，微笑自信地说：“700年前，有人问马可·波罗，你有关中国的描述是真的吗？他说：‘我告诉你们的不及我看到的一半。’我想北京和中国将向全世界证明：这是一片神奇的土地。”

2001年7月13日，中国，这片神奇的土地迎来了历史上一个最伟大的时刻。从这天起，她将开始全力准备，高速发展，带着奥林匹克的圣火，带着崭新的面貌和东方神韵，在2008那一年，又一次向世界证明她的神奇！

第二章

初入奥申委

1．海外搬“奇兵”

2001 年 1 月 13 日，我从昏昏沉沉的睡眠中醒来。

当时我正置身万里云霄之中，满心焦急地从美国旧金山直飞北京。巨大的波音飞机平稳地飞行在云层上，飞机下面是波澜不惊温柔得如同深蓝色宝石的无边大海，从机舱窗户的挡板缝隙中，我瞥见了太平洋早晨耀眼的晨光。极目远望，晨光幻化成迷人的深蓝色、墨蓝色，像法国电影《绿光》的结尾那样迷人。

在一片天波袅袅、水天一色的盛景中，我睡意全无，巨大的幸福感再次向我袭来。我抬头看了看侧上方紧紧关闭的行李舱——那里，只有我知道，存放着我此次去美国的收获，存放着对北京申奥极其重要的材料——几张打印精美的陈述用 PPT 的 A3 效果图，还有一张装有所有文件电子版的光盘。

这几张打印着天坛、故宫、奥运场馆的专用设计效果图即使不能用“美轮美奂”来形容，但说它是世界顶尖级的，也毫不为过。且不说从专业角度出发的设计理念，单是在这组行云流水般的多媒体演示稿的色彩、字体这些“小物件”的设计上都是匠心独具，下足了功夫。这些成果正是我此次美国之行的收获。它们正是为了申请 2008 年奥运会而特意在旧金山这座设计之都，请留洋中国专家精心设计出的“半成品”。

几天前，我带着艰巨的任务从北京首都机场踏上了飞往旧金山的班机——做一组能够支持申奥陈述的优秀PPT出来。

出发去美国之前，我已经被奥申委口头通知担任北京申奥报告多媒体总策划的职务，为接下来2月份的国际奥委会评估团来北京评估会上十七个专题陈述提供技术支撑和支持。根据国际奥委会下达的通知，所有参加2008年奥运会申办的城市必须在2001年接受国际奥委会组织的评估团的考核，通过这个专家评估团的考核后，综合考虑申办城市的各方面硬件软件的条件，把评估结果汇报给国际奥委会。

简单地说，这个评估团就是国际奥委会给五个申办2008年奥运会的城市下发的第一份问卷。最为“不幸”的是，此次评估团的考核在以往历届申奥的过程中没有出现过，此次是首次出现，它是个新事物，怎么评估？怎么陈述？这些问题连国际奥委会都不太确定。出试卷的人对答案都不确定，要负责回答这份卷子的北京压力可想而知。

谁知道，“不幸”中再遇“不幸”，北京又是各申办城市中第一个接受国际奥委会评估的城市。虽说北京在申奥上有过1993年申办2000年奥运会的经验和基础，但面对这次国际奥委会的评估，许多新环境、新政策又需要我们以首次申奥的姿态去面对——首先我们面对的问题就是“我们该怎么陈述自己，我们该怎么做好评估汇报”。

1993年北京在申办2000年奥运会时，我们用的是同步播放视频的方式配合陈述；8年之后，在陈述技术这一环节上，已经有了天翻地覆的变化，继续用视频显然是落后的；况且我们在申办2008年奥运会上又提出了“科技奥运”的理念，思来虑去，我对此的答案是用微软公司办公软件中的PPT去准备我们的陈述。当时，PPT在国内还很少有人知道，但根据我的经验，在当时，像微软和苹果等高科技公司在做产品发布的时候，都采用这个软件或者是Adobe公司的Acrobat软件。考虑到PPT及时修改功能强、形式新颖以及它能够更好地表达出申奥所涉及的主要理念和核心元素以及能很好地配合陈述人员的互动等优点，我向北京奥申委郑重推荐了PPT。

在刚进入北京奥申委没几天，我就乘飞机从北京赶往旧金山，除了处理一些公司上的事务之外，我还要到旧金山去寻找一个人，这个人叫王敏，找他的目的就是和我一起策划、制作出一批能够代表中国高度的、反映申奥主题的PPT模板。在2001年，很多大型会议的陈述还都没有采用PPT的模式，不像现在铺天盖地到处可见PPT的身影，此外，小小的PPT本身也包含了设计理念、创新意识等大的专业问题。我当时接到奥申委给我派的任务和多媒体总策划这个头衔之后，第一个想到的就是应该到美国去找王敏。

王敏本身就富有很强的传奇性，他现在是中央美术学院美术学院院长、奥运艺术研究中心主任。当年，“文化大革命”后中国恢复高考，他是1977年经高考进入高等学府的第一批大学生，就读的是浙江美院，在浙江美院毕业后他和我一样又是第一批出国留学的大学生。

王敏最开始去的是德国慕尼黑留学，在那里学成毕业后，接着又奔到美国，在耶鲁大学攻读硕士学位，而专业就是平面设计。当时，耶鲁大学的平面设计系在国际上享有极高的声誉，而王敏个人天赋又使得他在其中更为出类拔萃。

这一次，我去美国就是想在2月份国际奥委会评估团来北京进行考察时，我们进行陈述所采用的PPT的设计上，向他寻求一些帮助。当时，王敏刚刚从美国 ADOBE 公司出来，自己成立了一家公司，专门做一些大的设计。很多大公司都是他的顾客，比如苹果电脑、ADOBE 公司、摩托罗拉、英特尔等。王敏靠着自己在设计界的多年经验以及设计之都旧金山从环境上给他带来的影响，创作出了许多优秀的作品。

从 1 月 8 日抵达旧金山，到 1 月 13 日我离开旧金山，前后一周不到的时间，王敏加班加点、废寝忘食地把一组顶尖的 PPT 模板设计出来，从字体到颜色再到背景，都给人耳目一新的感觉。那时，我拿到他设计出的结果大为感叹，不由说了句："为了北京申奥，我跑到旧金山来搬救兵，看来是来对了！"他笑着对我说："你来对了，我可累惨了。"

2. 新年前的邀请电话

说来，我进入奥申委工作，并以多媒体总策划的身份全权负责 PPT 的制作，纯属偶然。

2000 年 12 月 28 日下午，我的公司到了下班时间，时近年尾，大家都忙着收拾办公桌上的资料准备回去过新年。5 点左右的北京，差不多是最热闹的时候。十字路口排着长长的车队，天已经蒙蒙黑，路灯次第亮起，照亮着鳞次栉比的建筑。所有的人涌出大楼，所有的人都忙着赶回家，准备幸福快乐地度过新年。我收拾了一下办公桌，也准备早点回去。

那天，我心情不太好，之前的25日，我们在深圳刚刚举办了一场《华文世纪圣诞狂欢夜演唱会》，邀请田震和刘欢等歌手到深圳演出，结果很不理想。演唱会结束后，我带着一身疲惫从深圳返回北京。就在我要离开公司的时候，突然来了个电话，说找我的。公司的行政助理把电话接到了我的办公室。我以为也就是一个平常的电话。我每天接的电话太多了。电话接起来，对方就问我，你是黄克俭吗？我说，我是黄克俭，你是哪位？电话那头说，黄总，找你一次可真不容易啊！我是侯欣逸。

我马上就有了印象，侯欣逸，就是北京奥申委技术部的部长，我们之前确实见过两次面，在第一次见面的聚会上，我和他互相交换过名片。我对他说，有印象，怎么能没印象呢，你可是为奥运会忙着的人啊。他说，你现在有事吗？我想找你聊聊。我说，就是聊聊这么简单？他说，当然不是简单地聊聊，是关于申办奥运会的，向你这个专家咨询一些事情。如果你有时间，现在来一趟奥申委吧，我想和你见面聊。我有些疑惑地问，现在？对，现在，电话那头很确定地重复了一遍。

放下电话，我有些理不清思绪，我想不出申办奥运会和我这个专做中文字库的人有什么联系。但从侯部长打来的电话中，我又隐约能够感觉出，这绝不是随随便便一个电话，既然找到我，说明这件事确实需要我。我看了看墙上的挂钟，5点刚过，我就没有再耽搁，简单收拾了一下，赶紧拿着外套，急急忙忙走出办公室。从公司到奥申委所在的新侨饭店很近，最快的方法当然是坐地铁。我在电梯里穿好外套，迎着寒气，奔向长椿街地铁站。进了地铁站，立刻感受到了即将到来的新年气氛。地铁站台上挤满了下班回家的人：男男女女，老老少少，多少都带着些疲惫。

八分钟后，我从地铁崇文门站钻出来，立刻看到了灯火辉煌的新侨饭店。我踏进奥申委所在的这座大楼的旋转门之前，特意回过头看了一下：北京的天空已经慢慢布满了夜色，新年的夜幕一点一点遮盖了新千年的北京城。马路对面，哈德门饭店与崇文门饭店两两相望，马克西姆餐厅里那法式的吊灯在神秘地眨着眼睛。

我在新侨饭店B座6层找到侯部长的办公室。走到办公室门口，见门开着，侯部长正在和一个人交谈着，我径自走了进去。和侯部长交谈的那个人后来也成了熟人，叫陈三伟，当时，他正在展示着他为北京申奥特意创作的一些动画图片和卡通图案设计。侯部长见我来了，立刻站起来，他说，“黄总，让你过来一趟，是想向你咨询个事儿。今天是12月28日，过了这个新年，到了明年2月20日，国际奥委会将派一个由17名委员组成的2008年奥运会申办城市评估团来北京。到时，我们要向这个评估团就17个主题做陈述。我知道你是做字库的，对设计和创意很有一套，我想从你这里寻求一些帮助，可不可以？”

我说，当然可以，申办奥运的大事，谁都没有理由推辞。他笑笑，“问题是这样的，到2月份的那个陈述已经没有多少时间了，我们现在还为陈述方式和支持的文件犯愁，说直白点，就是我们缺少技术支持。”

说实话，那是我第一次听到“陈述”这个词。我要说的是，在2000年，几乎遇不到“陈述”这个词，或许这个词所包含的东西过于庞大，对于一个普通的公司，甚至一个跨国公司，都很难用到“陈述”这个词。可现在我遇到了，而且是关于申办奥运会的陈述。这个陈述是什么内容，量有多大，当时我都不知道。侯部长也没有说，他只是问我，“黄总，你觉得我们该用什么样的技术支撑？该用什么样的手段来支撑这个陈述？”

当时，我也不知道奥申委对这个“技术支撑”做了哪些准备，但考虑到申奥陈述这么一件大事，又是把不同主题在短暂的时间内和有限的空间里，向国际奥委会展示。

我在脑海中快速地搜索了一番，便指出，为这样大的陈述做准备只有两种工具可以选择，一个是 Adobe 公司的 Acrobat，另一个是微软公司的 PPT（PowerPoint）。

侯部长让我简单介绍了一下 PPT，显然他对这个软件也有浓厚的兴趣。第一次临近黄昏的见面，我们俩多少有些闲谈的味道。毕竟他没说让我来经手做这个事情，也没说要让我加入这个团队，只是把我当作一个顾问，来咨询咨询，仅此而已。我确确实实没有想到自己后来会加入奥申委这个团队。毕竟这是奥运会，申奥又是政府行为，这些都决定了申奥这件事离我还是有些距离的。我当时只想把自己知道的详细告诉他。

第一次见面就这么匆忙结束了。

第二天，我又被叫到奥申委所在的新侨饭店，讨论的依然是 2 月份给那个给国际奥委会评估的陈述会支持。那天，我到的时候，清华同方国家光盘实验室的负责人已经到了。我们一起看了前段时间已经准备得差不多的用于陈述的方案。看完之后，我提出了自己的意见，主要有两个方面：一是设计理念的问题；二是采用互动的电子文件等技术和这样一个陈述所存在的差距。理念说到底是主题先行，是能不能给人带来视觉以及感官上的冲击，说到底是个创意问题；而技术问题，我主要讲采用视频机动性太差，对于这样一个大陈述来说，机动性差就意味着僵化，意味着要按照材料按照视频来拘束陈述人，即人受制于物了。

举个例子，当时那个光盘里，讲到了奥运会的安保问题，里面出现了一个图像，就是整个天安门的远景，一名解放军端着枪站在广场上。我当时就说，这样的图片和奥运精神还是有点距离的。说完这些，我又匆匆赶回公司，忙自己的事情。

12 月 30 日，侯部长来到我位于西便门金隅大厦的公司正式通知我，请我来做一个 PPT，这个 PPT 不讲申奥，只讲为什么要用 PPT 来做这个陈述。看来，他们已经对这个软件感兴趣了，同时又不知道 PPT 能不能完成这个重任，所以让我把 PPT 的好处给他们展示出来。

侯部长说，1 月 2 日要召开北京奥申委的执委会，他要在会议上汇报将采用什么样的工具来完成 2 月份的那个陈述。想让我做一个详细点的 PPT，里面尽量细一些，比如大概会有什么样的内容，要添加一些什么样的奥运元素，甚至包括每章的字体大小，中文字体和英文字体的大小等。

我答应了，从我答应做这个 PPT 开始，我的申奥冲刺就真正开始了。

3．万事开头难

我爽快地答应了侯部长给他做一组 PPT，这差不多是我一贯做事的风格，可放下电话，我才意识到这个工程有多么浩大。实际上，我就是给2月份那4天的会议做一个策划：一个从技术到内容的全面策划，讲得通俗点，就像做一个大规模巡演的策划总的工作量，从主题到内容，从策划到设计，直到指导陈述人怎样用PPT配合完成陈述工作。侯部长让我做的这个PPT肩负两个重任：一是说服1月2日那天执委会的参加者，让他们同意我们采用PPT这个软件作为陈述的工具；二是给执委会以信心，说明我们2月份的那个陈述已经在紧锣密鼓地准备着，请他们放心。

放下电话，已经是12月30日的下午了，我赶紧组织华文世纪科技公司和华文世纪广告公司的全体员工开会，商量这件事情。公司的员工带着对新年的憧憬，陆续来了。可听说是这么一件事，很多人情绪很大，脸色当时就变了。毕竟这算不上公司的正常业务，有人嘀咕着说，这么大的活我们从没做过，就是大的公关、广告公司也未必能接。有位公司的高管对此事甚至有些非难的表现。我在会上说，不想做的、想回去的都可以回去，这件事，实在不行，我一个人来做。时间紧，我没有时间向他们一一解释这件事的背景，会议就这样不欢而散了。

等我坐回到电脑前，真正开始思考如何把这个PPT做好，让它服务于申奥这么大的项目，心底多多少少还是有些压力。我当时身边留下了一个叫可毅的员工，本来他对我说，他太太怀孕了，本要回去，但最终他还是留了下来。那天晚上可毅一直给我扫描图片，准备做PPT的素材。当时的资料几乎全是空白，这个PPT需要我自己先造出砖瓦，然后再用我自己的砖瓦造出一栋大楼来。

12月30日，我几乎一夜没睡，临近天明的时候，我趴在公司的办公桌上眯了一会儿。12月31日那天，2000年的最后一天，从早到晚，我都在开会。上午是我和公司其他员工开，讨论如何完成这个任务。到了下午的时候，侯部长也来了。我们聚在一起，还是开会。近十个小时的会议过程中，整个会议室里烟雾缭绕，大家都疲惫至极。我整个人接近虚脱，嘴唇起了一层干皮。开完会以后，因为次日是元旦，公司按照常理要放假，而且 31 日这天本来就没安排任务，所以其他人陆续离开了公司。我一直在努力寻找能在 PPT 里穿插的一些体育图片，遗憾的是，到最后我也没能找到合适的图片。

31 日晚上近 10 点钟，可毅对我说，“黄总，我实在没办法了，我要回去了，我爱人她快生孩子了。今天不是别的日子，今天是 2000 年的最后一天，我已经把她一个人扔在家里太长的时间了……恐怕今天我不能陪你了。”他说这番话的时候，自己动了感情，他偷偷揉了揉眼，我瞧见他的手背湿了一片。

我赶紧说，“那你走吧，实在不好意思，把你一个人留在这里，今天我没有理由留下你，你走吧。他走了以后，整个办公区就我一个人。我继续查资料，找图片，忙得不亦乐乎，一不留神，夜已经很深了，在新年夜里，我却丝毫没感受到新年的味道。

我把办公室所有的灯都打开，然后一个人坐在大会议里，我想用灯光给自己做一个中国式的新年夜。眼见到了十二点，我还没能完成那个 PPT。说实话，我心里很沮丧。一般来说，在我整个职业生涯中，所有的活儿基本上都是按时按点完成。我公司的特点决定了我们没有什么特别紧急特别重大的活儿，可这次我遇到了。我一直想，自己努努力，差不多可以完成，但真的到了十二点，我没能够完成，第一次感到有些无地自容。透过会议室的大玻璃窗，我看见远处世纪坛腾空而起的满天焰火，百感交集——2001 年来到了。

第二天，我开始打电话向北京设计界的朋友求助，大家都忙着过年，没人愿意搭理我这个工作狂，我只好接着孤军奋战。1月2日下午，我终于赶出了PPT的雏形，赶在约定的时间前送到奥申委的办公楼，没想到，那个执委会往后推迟了。

我正以为自己的奥运之旅到此结束，没想到接下来的一件事改变了我整个人生。当时，奥申委忙着给2月份的评估团来北京的陈述会场选址，侯部长对我说，你是搞设计的，对会议室应该有发言权，你就跟着一起去吧。我和奥申委的领导们一起看了北京饭店、人民大会堂等地。转眼就到了3日下午，会场还没确定下来。而此时，我定了5日回旧金山的机票，不能耽搁了，我对侯部长说，我得走了，定了明天去旧金山的票。侯部长当时就急了，你不能走。这样吧，咱们的多媒体总策划就由你来负责，你去美国的事往后推推吧。

我就这样被留了下来。

4. 旧金山的设计之夜

我把回旧金山的机票推到了1月7日。我决定留下之后，并没有取消旧金山之行，有两个原因，一是公司的事不能不去，美国那边每年的报税有最后期限；二是我要到旧金山去找一个设计界的专家，让他和我一起把PPT的模板制作出来，这个人就是我上文提到的王敏。

连续十几个小时的飞行，我不仅没有劳累的感觉，反而觉得浑身轻松。下了飞机，我没出旧金山国际机场，甚至没去行李大厅取回行李，就赶紧找到一部投币电话，往里塞了一把硬币，给王敏去了个电话。我说，“王敏，我有个事要找你帮忙，也可以说是合作。”他说，“什么事？”我说，“这个事，很大，关于中国申办奥运会的，用得着你设计的拿手好戏。”电话那头，王敏沉默了一下，他说，“申奥的事情，我非常非常乐意做。只是眼下新年刚过，我公司里的事情太多，太忙了，怕精力不集中，能不能过段时间，坐下来好好谈谈，毕竟不是小事情。”

我急了，“没办法，必须要尽快拿出方案。我还要告诉你，我此次在美国只待五天，五天后我离开时，必须带着方案回去。你先记着这事，见了面我再和你详谈。”他说，“这样啊？”我说，“对，没有什么商量的余地。”他略微考虑了一下说，“好吧，我先答应你。”我心情顿时轻松下来，说了句OK，就匆忙挂了电话。以往，我来美国报税，至少要待二到三周。但这次我来之前就把回程机票定好了，只待五天。五天里，我该做什么呢？我在一张纸上简要地列出了我要做的事情：

1．处理公司的税务问题。

2．和ADOBE公司完成新一轮的谈判。

3．处理一些遗留的问题和个人问题。

4．务必要完成申奥PPT模板的整体设计，并形成一个较为成熟的具体方案。

其实这四件事任何一件事的工作量都很庞大，放在平时，都足以忙上十天半个月。可这次不行。我要在五天里把这四件事全部完成。首先，我要把报税的事情弄妥，要完成字库升级的谈判，毕竟这是我此次来美国的主要任务。除了这两件事情之外，我要利用所有的空闲时间，哪怕不睡觉，要完成另外一件事更重要的事，那就是准备 PPT 模板。我时刻告诉自己，黄克俭，你一定要抽出时间和王敏详谈，齐心协力拿出一个成熟的 PPT 方案，并把这个方案带回北京。8 日、9 日、10 日三天，我忙得焦头烂额，为了公司报税的事忙碌着，同时我又和 Adobe 公司进行了一轮紧锣密鼓的字库谈判，顺利地把华文字库与 Adobe 的合同，从以前的 GB13000 的标准升级到 GB18030 的标准。

1 月 9 日那天下午，我从谈判现场抽空急匆匆赶到王敏的公司。一进门，就看见了王敏。王敏迎过来就说，Curt（我的英文名字），你一副风风火火的模样，好像从来都没这么严肃过，干吗啊？我说，今天要和你说的事太大了，真的很大。接着我把当时的任务情况以及和清华同方合作的细节全告诉了他。

我说，王敏，我希望你能为这次国际奥委会评估团来北京考察、听取我们的陈述报告做一套 PPT 的模板，具体地说，是一组世界顶尖级的 PPT 模板。但是现在我要说的是，这个 PPT 里面的内容我现在不太知道，最后会不会被采用我同样不知道。他问我，难道你连一点儿想法都没有吗？

我就详细地把这项工作的整个概念以及我们要做什么样的事给他叙述了一遍。又把 17 个主题给他一一讲了一遍，其中这 17 个主题里又包含着哪些元素，哪些材料都罗列给他。其实，当时我手头一点资料都没有，这些主题和元素都是我记下来的。来美国前，我最后一次从奥申委出来时，一个字的资料都没带出来，所说所讲，完全靠着我的记忆。我在离开奥申委之前，留了心，我已经把那些材料和资料以及主题元素都烂熟于胸了，没办法，我只能记在心里，因为那些资料都是涉及保密的，我无法也没有权利把它们拿出来，更别说带到国外来。

接着，我又去忙着报税以及准备和Adobe公司的合同了。王敏就凭着1月9日那次我和他的简短谈话，开始帮着设计这17个主题元素的PPT模板、理念以及一些诸如字体、颜色、布局等细节。

1月12日晚上，我接到了王敏给我打来的电话，他说，Curt，你过来一趟吧。我立刻放下手头的事，开车就奔向王敏的公司。夜晚的旧金山是寂寥的，深夜里汽车也不像白天那样繁忙，我驾车驶过横跨旧金山东西湾区的海湾大桥，从80号高速公路转进280公路的出口，并线驶进旧金山市区的第六大街。刚穿过第六大街第一个红灯口，我透过挡风玻璃就看见第六大街的深处有一个褐红的火星在闪烁。等我开车驶近了，才见有一个人在路灯下的马路牙子上坐着抽烟。我想，半夜三更的，天寒地冻，谁这么晚还坐在外面呢？等我车靠近了，才看见那个坐着的人居然是王敏。我赶紧下了车。

王敏看了看我，低下头，第一句话就是："Curt，你害了我！"我吓了一跳，赶紧问他："怎么了？"王敏扬了扬手："我戒了好几年的烟了。可今天不行了。我实在累了，Curt，我又抽烟了。"我这才看见他手里拿着一支烟。他熄灭烟头，兴致勃勃地对我说，"走，上楼去，你要的东西我做好了。"

上电梯的时候，王敏把另一只手插到上衣口袋里，掏出一个薄片儿说："给你吧，这里面是我帮你设计的那组PPT模板。"我接过来，看见原来那是一张精致漂亮的光盘，连封面都做得很考究。我捏着那张光盘，心里非常感动。后来，我看到光盘里的内容更为感动，无论是色彩还是底板都非常能够打动人。在当时那么短的时间里，他能把我心里想要表达的理念给落到现实，或者说，能够把申奥这么大的一件事给浓缩到一组 PPT 的模板中，这是一种什么样的能力啊？衡量一个优秀的设计师标准在于他能否迅速明白他所要做的设计是什么，能否迅速从别人那里领会到对方想要的是什么。这是一种能力，一种优秀区别于普通的特殊能力。王敏具备了。我和他接触时，他很是问了我一些问题，每个问题差不多都能直中要害，我想，这种能力说到感性的层面，那就是敏感、灵性。

王敏熬着夜、抽着烟帮我设计 PPT 模板的事，给我触动很大。我在回北京的飞机上想，我们这一代人的成功，有时不仅仅是个人的原因，更重要的是在我们周围有一群能够并肩奋战，能够同甘共苦的兄弟朋友。

12 日那一夜，等最终效果图出来，我们看了看，异口同声地说了句“That's it!”（就是它了！）我们俩站起来走到窗前，推开窗户闲聊起来。面前，巨大的旧金山海湾清晰地呈现在我们的视野中。用灯光点缀过的海湾大桥，连同两岸辉煌的灯火，从黑沉的大海湾中浮出水面，美丽的夜晚，丰郁的海湾，繁如天星的桥灯，连同熟睡的硅谷，就这样展现在了我们面前。从创意之都，推开创意之窗，看着远处星星点点的光芒，看着近处鳞次栉比的建筑染上五彩的霓虹，那种浪漫的情怀和为申奥忙碌的激情与崇高一时全涌上心来。

美国之行让我收获颇丰，我的人生因此行而有了很大的改变。同样，这件事也改变了另外一个人——王敏，甚至可以说，改变了他此后的人生。

我和王敏在我们的工作室中的留影，后面的申奥会徽是唯一的原件。

5. 带着"PPT"模板正式进入奥申委

15 日一早，我带上那张光盘直奔北京奥申委办公所在地——新侨饭店。说来奇怪，15 日的北京早晨，车堵得十分严重，汽车开在拥挤的路上，好久都没挪动一下，我从没感觉到北京有过这么严重的堵车。我坐在一辆夏利出租车上不时摇下车窗，无奈地看着前面动也不动的长龙。

进了新侨饭店，我的情绪立刻被调动起来。那里的气氛同我去美国前完全两样：B 座六楼的走廊里，人来人往，甚至有些人从一个房间奔跑到另外一个房间里。每个人手里拿着一摞摞的材料，表情严峻，行色匆匆，看上去似乎这里成了发起总攻之前的战场，成为了运筹帷幄、决胜千里之外的指挥中心。我穿过人群，奔到技术部办公室找到侯部长，进了办公室，我见他正忙得不亦乐乎。他也看到了我，立刻温和地说：“你来了？”

我赶紧从口袋里掏出那张光盘，连同装有模板效果图A3尺寸的信封一起递给他，“侯部长，”我很高兴地对他说，“你要的东西我给你带回来了。我在美国找了一个最有名的平面设计专家设计了整套PPT的模板，你看看吧。”我期待着一连串的感激和谢谢的回报。但当我眼睁睁地看着侯部长头也没抬地把光盘和信封随手往身后办公桌的抽屉一塞，对我说，“有事我再联系你”。我真有点舍不得，光盘交给他之后，我顿时觉得自己两手空空，真有种把自己孩子交给别人的感觉。我敢肯定他把我受他的委托又特地从美国赶回来的事都忘了。

当天奥申委特别邀请的两个顾问团队到了。这两个团队的人都大有来头，第一个团队是以2000年悉尼奥组委前首席执行官Sandy Hollway为首的七人专家顾问团；另外一个是George Hirthler（乔治·赫斯勒）为首的1996年美国亚特兰大奥运会组委会专家顾问团。奥申委要在那天专门举行了一个和上述两个团队的交流会议。

当时，办公室里七嘴八舌讨论着即将要召开的交流会议，无意中就提到了这个细节。正当我进退两难时，技术部的喻红匆匆忙忙从外面跑进办公室，说：“侯部长，601的会议马上要开始了，还有我们技术部的汇报呢，敬民主席要你赶快过去。”只看到侯部长惊恐地抬起头来，好像从忘记了什么之中突起醒悟过来似的一脸茫然。他突然看到还傻傻站在那里的我，如获救星似的对我说：“黄总，你也去参加这个交流会吧。”并转过头去对喻红说：“你快带黄总去601会议室，我待会过去。”我好像意识到了什么用手指了指抽屉，侯部长“哦”了一声从抽屉里拿出了光盘和信封递给了我。

我二话没说，拿着东西跟着喻红走进新侨饭店B座601会议室。

后来，这间会议室在整个申奥过程中起到了十分重要的作用，很多重要的新闻和申办信息以及进程都是从这间会议室里传送出去的，所有委内的执委会都在这里召开。进了那间会议室，我发现里面坐着许多外国专家，我问候了一下，就把光盘放到电脑里将设计好的模板展现出来，整个播放过程很快，前后不到5分钟。

我在播放PPT模板的时候，用英语简单介绍了一下设计理念。听我说着流利的美式英语，乔治·赫斯勒惊奇地说：“That is great.”并问我：“Where are you from？”（你从哪里来？）我对他说，我从旧金山来。乔治·赫斯勒立刻伸出手，对我说，他来自亚特兰大。PPT模板放完后，乔治·赫斯勒等人的表情看上去已经很轻松了，从他们的反应可以看出，大家看完光盘里的PPT模板的设计，心情都特别好。我情绪也随着好了起来。拿着那张光盘，有了更多的底气，离开了601会议室。等我再次回到技术部办公室，见喻红正向侯部长汇报。见我进了办公室，侯部长非常温和地说：“黄总，你看接下来我们该怎么办？我想，要不坐下来我们详细商量商量吧？”我冲他一笑，说，“OK，没问题”。

我留在了奥申委，继续履行我的多媒体总策划这个角色所要承担的任务。接着侯部长安排我后来的助手刘曙和我一起工作。我和刘曙开始了漫长而高效的合作，她在接下来的工作中，给我很大的帮助，很多事情都是我提出来，她去具体落实的。

留下来的那天，我对刘曙说，我们接下来的工作就是要尽快确定这 17 个主题的 PPT 内容，并配合陈述词进行整体的修整。她说：“行，既然这事是你负责，怎么办，就由你来确定。”我说：“现在，我要和这 17 个主题的撰稿负责人一个一个谈，我要亲自谈，你能不能来给我安排一下和他们见面的时间？”

很快刘曙就给我安排好了和 17 个主陈述稿件组织的负责人见面的事。我谈的第一个负责人就是容军，后来他是奥组委票务中心的主任，当时他负责两个主题，第一个主题是关于海关和检疫工作的，第二个主题是关于安保的。从他开始，接下来我一个一个和相关负责人谈相关的主题。那次和陈述主题负责人的谈话，我的状态出奇的好，对每个人都能侃侃而谈，和他们谈论的时候，我尽可能激发他们的灵感，同时尽量避免两个不同主题的交叉重复。我听他们谈的时候，就顺手在草纸上画下一个简单的 PPT 幻灯片的结构图，但凡是他们说的有道理的地方，我都能立刻用 PPT 表达出来。他们的谈话，他们的想法很快就被我一一具体落实到一张张草拟的 PPT 图中去。

从容军开始，我连续谈了 28 小时；28 个小时里，我和 17 个不同主题的负责人谈话，他们都是有着深厚的专业素养的专家，有着对奥运会相关方面丰富的知识，有着不同的见解和想法。我要做的就是在这 28 个小时里，迅速了解这些主题的内容，了解每个主题所要表现北京的亮点，以及这 17 个主题的具体陈述人的演讲风格。稿件负责人和陈述人不是同一个人，稿件负责人负责这项主题内容的撰写，而陈述人则是站在讲台前，是向国际奥委会评估团成员的陈述者。

后来，我回想起那 28 个小时，自己都觉得不可思议。我是能熬，我是能拼，但像那次28个小时都生机勃勃、大脑兴奋异常的场景至今也只出现过一次。我想也许只有在奥运会这样的大光环的鼓舞下，在为民族为国家争得荣誉这样的工作环境下，我才能那样超常地发挥，超常地表现。一句话，我从没有过那种冲击力，从没有过在那么忙碌的工作中感到忙碌。后来，我想，之所以能成就那次长谈，还拜长途飞行所赐，这样连续熬了28个小时之后，我也顺理成章地把时差倒了过来。

6. 准备PPT过程中的那些人

现在，我时常回忆起从2001年1月15日到2月20日之间，制作PPT过程中，所见到的相关陈述人的诸多感人细节。

当时，负责宾馆主题陈述的是现在奥组委市场开发部的部长袁斌女士。按照国际奥委会的要求，我们得在陈述中表达清楚，我们将用什么样的宾馆来迎接奥运会，而且最关键的是，国际奥委会还要求在陈述中把一些标志性的饭店如北京饭店、友谊宾馆等都要表述出来。一段陈述能有多长？可上面这几条的资料实在太多，如何化繁为简，如何简捷而又全面地表达宾馆这一主题，当时费了很多工夫，最后，融入PPT里的整体结构完全变了，小小的PPT里，汇聚了北京所有大的饭店，点滴之间，凸显大国本色，前后工作量之大，让人咋舌。

负责奥运村主题陈述的是黄艳女士。

黄艳女士现任北京市首都规划委员会主任，本人非常强悍，能力很强，又很认真，偏偏第一次陈述效果不太好，压力陡增。和她谈的时候，她就反复地问，黄老师，你看我这一章怎么调？你看我这一章怎么调才合适？当时，我们设计人手确实不够，我和她商量了一下，需要调整的内容过多，但最主要的问题还在结构。因为给你的时间就那么多，你只能从总体上下功夫，细节服从于整体。就那样，我们俩在一起，对奥运村那组陈述稿件的结构调了一遍又一遍。这件事，最感人的地方在于，我和黄艳谈完了结构之后，她就走了。结果她靠私人关系找来一位专家，那个专家熟谙 PPT 设计，他帮助黄艳把里面许多图都改成了栩栩如生的动画，在 PPT 那么小的功能下做得是如此尽善尽美，着实让人感动，而这一切，都是从来没有考虑过回报的，当时只有一个念头：无论如何要把它做成最好的、最棒的。无论如何也要让它尽可能接近于尽善尽美——虽然谁也不知道一个尽善尽美的 PPT 究竟该是个什么样子。

杨澜女士当时负责奥林匹克和文化主题的陈述。

那个时候，恰逢她刚生完孩子，身体还比较虚弱，家又住在上海，不能经常来现场。她负责陈述主题的 PPT，是由我和时任奥申委宣传部副部长、现任国家体育总局宣传司副司长的温文以及北京体育大学的孙葆丽教授一起一张一张调出来的。杨澜对这个陈述稿件非常重视，反复对我说："克俭，你一定要帮我做好这个，一定！"我记得很清楚，到了最后，杨澜成功做完陈述后，满面兴奋地对我说："克俭，谢谢你，真的谢谢你。"

负责安全主题的陈述人是王生安，我去的时候，他刚刚从芝加哥的一所警察学院毕业，获得了硕士学位。他不是分配进奥申委的，而是以一个志愿者的身份来到奥申委工作的。他来到奥申委以后，就开始负责文稿的撰写。他有着很敏锐的职业特点，也许这缘于他就读于“犯罪之都”芝加哥，所以他撰写出的文稿充分显示出了我们保障有力、保安强悍的特点。因为年轻，他略显紧张，我就不断用英文提醒他，放松！放松！和他的谈论时间很长，我说，你必须在陈述中突出我们公安系统的两个职能：对外是保卫职能，对内是服务职能，这两点你必须要表述好！

市场部有一个陈述人叫阎忻民，她是在加拿大读完MBA回国后，因为自己对体育的爱好，加入了奥申委的志愿者队伍，后来根据她的专业把她分到了市场部。当时决定用PPT作为陈述工具时，她非常兴奋，她说她用过PPT，很熟练。一开始，负责市场主题的陈述人不是阎忻民，是另外一个人，她仅仅是协调完成PPT的工作人员。但后来，大家发现阎忻民的英文很好，对PPT的操作也非常熟练，同时她对陈述本身的理念和方式把握得也很到位，奥申委立刻做出一个让人佩服的决定，谁有能力谁来担当重任，让她这个志愿者来担任市场主题的陈述人。这件事，当时在奥申委影响很大，真的是谁有才能谁上，谁有能力谁就站出来，不拘一格，绝不论资排辈。

另外，还有一个负责交通的陈述人叫张剑飞，他当时是全国政协委员、交通设计院的副院长。张剑飞毕业于著名的加州大学柏克莱分校，取得了博士学位，在美国工作了一段时间，然后放弃了待遇优厚的世界银行的工作，回到中国，后来当了交通部公路司的司长，现任长沙市市长。他也是以志愿者的身份来到奥申委负责交通主题的陈述。对于他来说，他的本职工作非常繁忙，仍然坚持参加每一次排练，非常感人，无论白天黑夜，只要你要求他过来陈述，过来排练，他总是准时到达，风雨无阻。

在那段和陈述人一起商量修改 PPT 的日子里，我时常被一些事情感动。在奥申委大家基本上都是志愿者，他们在奥申委不拿工资，没有头衔，只领一份免费午餐票，仅此而已。可是你只要说一声，需要修改，需要排练，需要过来做现场陈述，他们总会出现，没有怨言，没有要求，大家都默默地来，默默地去，只是为了一个信念，为了一种追求。我就在这样的团队里，一天天调整着 PPT，一天天朝 2 月份迈进。

第三章

鏖战北京

1. 奥运史上首次“申办城市评估”

以申奥这样的大事为业，更令人觉得时间的宝贵。在这段时间里找陈述人谈话、找设计界的朋友讨论模板、从浩瀚的材料里寻找最合适的插图、从各式各样的字库里寻最恰当的字体，如此忙忙碌碌，时间很快就进入2001年的2月份。

2月份一到，各种排练和视频、多媒体演示的调整就把时间表排得满满当当，大家忽然感觉时间不够用，恨不得不寝不食，抓住每分每秒来准备20日开始的评估工作。

对1993年北京申办奥运会流程的人一定会对此疑惑：真正的申办投票是在7月份，那2月份这次在北京举办的陈述意义何在呢？为什么国际奥委会和我们北京奥申委都要如此兴师动众呢？

产生这个疑惑是必然的。因为在百年现代奥林匹克史上，从来没有“申办城市评估”这一说法，1993年的申办没有，1997年的申办同样也没有。这个时髦的“评估程序”是从2001年北京申办2008年奥运会上首次推出的。北京这次又遇到了国际奥委会新的规定，以前没有这样的活动，就表明我们没有类似的组织模式和经验可以借鉴；最为让我们备感压力的是，在五个申办城市的评估中，北京又排在第一个，这就是说，在百年奥运史上，中国北京，是第一个接受国际奥委会评估团考察的城市。

任务之大可想而知。

压力之大不言而喻。

国际奥委会为什么要“节外生枝”，在正常的申办程序中插入一个所谓的“评估”呢？这个新兴产物的产生却和一桩肮脏的申奥内幕和交易有关——“盐湖城丑闻”。

众所周知，1993年北京首次申奥在前两轮投票领先的情况下，在第3轮却出人意料地以2票之差输给了悉尼。这样的结果令当时的中国人情感大为受挫。

事情过了7年之后，在悉尼举办完第27届奥运会上之后，发生了让世界震惊的“盐湖城丑闻”。如果说其他国家的民众对这个丑闻只感到震惊，那对中国人来说，这个丑闻带来的是程度更深的悲愤：因为从这个丑闻中我们得知，当初1993年的申奥，正是悉尼奥申委用美元收买了两名非洲的国际奥委会委员，才在第3轮投票中，“成功”地实现了翻盘。

回顾奥运发展的历史，其实直到1984年，奥运会才第一次实现从买方市场转变到卖方市场。在这之前，国际奥委会是求着别的国家来办理奥运会的主办权的。到了亚特兰大奥运会，奥运会的商业化已经变得十分彻底了，有“连一片树叶都要卖钱”的极端说法。故而从1984年以后，奥运会的主办权就变得炙手可热，到了2000年悉尼奥运会，它的规模和商业化程度是空前的。就在普天同庆奥运会“更高、更快、更强”的平等和平竞争等理念，欢祝奥运规模空前庞大时，出了一个谁也没想到的大问题——悉尼奥运会之后不久，出现了震惊世界的“盐湖城丑闻”。从1963年就担任国际奥委会委员的瑞士人霍德勒披露：“用金钱换选票的腐败现象长期存在于奥运会的申办过程中。他尤其列举了4个申办成功的城市——亚特兰大、长野、悉尼和盐湖城。他特别披露了盐湖城的劣迹——拿出50万美元为6名国际奥委会委员的亲戚设立奖学金；用大量的礼品换取选票。”

紧接着国际奥委会成立了由副主席庞德挂帅的专门小组负责调查此事，美国奥委会、盐湖城组委会、美国司法部以及美国联邦调查局也迅速展开了对这一丑闻的调查。调查显示，来自刚果的国际奥委会委员甘加是3个接受盐湖城免费医疗服务的非洲籍委员会之一，而且，他在犹他州的一桩房地产买卖中赚取了6万美元纯利润，此举正是一名盐湖城申办委员会成员安排的结果。更令人想象不到的是，向某些国际奥委会委员提供免费的性服务也成为盐湖城申办的手段之一。甚至还有消息称，盐湖城申办委员会的信用卡居然被用来为某些国际奥委会委员支付嫖娼费。象征着“平等、自由、和平”的奥运沾染上了金钱的丑恶面目，一时世界震惊，寰宇哗然。

为了对自己的“过错”进行弥补，从2001年开始，国际奥委会对申办奥运会的城市做了两点规定：第一，不允许国际奥委会委员到申办城市进行访问；第二，不允许申办城市的政府官员和其他关键人员去拜访国际奥委会的委员。这两点看似一般的决定却注定了申办城市能够和国际奥委会及其委员唯一的沟通和接触方式就是评估团。所以从2001年开始，奥运历史上第一次出现了“评估团官方实地考察和评估”的场景。同时，国际奥委会制定了新的申奥程序和规定：首先由各个城市提交申办报告，提交完申办报告之后，国际奥委会通过报告来对申办城市进行初步评价，而评估团则是对这个评价的实地考察。

由此可见，2月20日来到北京的国际奥委会评估团是奥林匹克运动的新事物，而在所有申办城市中，北京又是评估团第一个参与评估的城市。现在想想，这两条“前所未有”给我们带来了多么大的压力。什么是陈述？什么是申奥陈述？怎么做才能让评估团满意？回首过去，我们没有一丁点经验可以借鉴，我们只有摸索着前进，而且这个摸索只许成功，不许失败。

2. “改造”北京饭店

进入2月份，除了紧张的排练之外，还有一件事始终悬着奥申委领导们的心，那就是国际奥委会评估团听取我们陈述的会场问题。对于选场地这件事，在我去美国之前就已经开始动手实施了，由于种种原因，却一直没有确定。时间不等人，别的问题还可以再往后拖拖，场地问题是必须要解决的首要问题。

当时，我和其他选场地的领导考察了许多场所，意见不一。我离开北京去美国之前，也看过好几个地方，有北京饭店的西大厅以及地下一层的会议室，最后看的场地是人民大会堂的北京厅，去看的人都觉得挺满意。我本以为最后会选择人民大会堂，等我从美国回来后才知道，选场的领导们已经放弃了这个会场。具体的原因很多，主要原因有两点：一、路程的远近；二、对它的改造存在很大的难度，比如仅改造经费就可能要上百万元。没选人民大会堂的北京厅，我是持赞同态度的。其实从一开始，对于评估会场的选取，我就偏向于北京饭店。为什么？因为我知道2月份评估团来北京，所下榻的酒店选的就是北京饭店。中国有句话叫“近水楼台先得月”，对于评估团来说，住的地方和工作的地方越近自然越好，这样可以节省许多时间，可以让评估团精力更集中，可以省去许多不必要的交通麻烦。

可北京饭店的具体设施和现有的会议室格局让我们颇为犯难。当时北京饭店刚装修完毕，几个会议厅要么太大，要么太窄。太大，显得空洞，毕竟这个陈述会只有几十人参加，太大就显得有些落寞；太小，就更不合适，几十个人闷在一个小房间里，又闷又吵，现场的环境自然就会有些糟糕。

14 日晚上，我从奥申委回到公司办公室，没有睡意，想到压在心头的会场问题，随手拿笔划拉了一下，简单分析了一下参加评估会议的人员组成。此次评估团有 17 个专家外加两个工作人员，是 19 个人。我们奥申委这些陈述人，此外加上刘淇主席等执委，包括何振梁这些负责人以及一些陪同人员，大约 20 人。两部分 40 人的会议室外加一个能够摆放一个陈述台的位置——这就是我们所需要的会议厅。

这个会议厅要连续用四天，所以它的环境一定要好，无论是通风还是隔音设备都应该是一流的才行。划来划去，我想到的还是北京饭店地下一层的那个会议厅。

次日，我们一行人再次来到了那个地下一层会议室，现在为北京饭店地下一层的紫晶厅。在现场，我详细观察了一下它的布局。这个地下一层的会议厅大小比较合适，但布局存在着很大的问题。它很窄，从前到后的横向直线距离只有八米多不到九米，长度倒有二三十米，此外，会议室所处的楼层高度相对较矮。我们开会的时候，必须要用到大功率的投影仪，投影仪工作时，有个大功率的风扇在散热，在这么样一个空间里，大功率的投影仪一旦启用，无疑会形成一个巨大的热源和噪声源。这对于现场环境来说，简直不可想象。在这样一个布局里，最前面的人会挨着陈述台，声音大不消说，而最后面的人却要离陈述台几十米之远，声音自然弱很多。现场勘察的结果，说明这个会议室问题太多。怎么办？难道最终只能放弃？可放弃它，哪里还有更合适的呢？

就这样，商量来商量去，大家决定纵向摆投影仪算了，总不能把投影仪放到屋外去吧。当会场摆好之后，投影仪一开，问题就出来了。在最远的位置根本看不清屏幕，声音小得不能再小，而坐在最靠近投影屏的那个位置，声音则大得像炸雷。除此之外，我又提出了一个大问题：大家开会时都得把脖子转将近 90 度，身体前倾才能看到屏幕，如果连续四天这么扭着脖子，怕是谁也吃不消。

现场所有的人都意识到这个问题太严重了，怎么办，怎么办？负责整个陈述工作协调的，时任北京市政协副主席万嗣铨急得满头大汗。时间迫在眉睫，地方迟迟没能确定，我在众人研究如何改造那间会议室时，悄悄溜了出去。我绕到会议室的后面，见紧临会议室的后面有一个小门，锁住了。从门缝里，我特意往里看了几眼。在狭窄的走廊里，我低着头，抱着胳膊，沉思着，一个匪夷所思的“坏主意”从心底浮上来。

十分钟后，我返回那间会议室，众人还在讨论着，我说，“我有一个意见，说出来你们大伙看看行不行。”我提出了一个在别人看来完全“疯狂”的方案：改变投影仪的布局！在宽度仅 9 米的距离摆放投影仪，让所有的评估团团员都能够清楚地看到投影屏——

当时的具体环境完全不允许我这么做：要在长七八米的地方放座椅，还要摆放一个投影仪的影池，这显然不可能。果然，立刻就有人问：“黄总，你也看到了，这里仅有八米的距离怎么放投影仪？”

我快步走到墙壁边，弓起左手的手指，敲了敲墙壁：“我的具体方法是做‘背投’，打掉这堵墙，把投影仪放到隔壁房间，但隔壁房间的空间也有限，我们可以用一个折射镜头来处理，这样可以把空间、投影长度、噪声和热源等问题全部解决！”

所有的人都睁大眼睛看着我！

从他们的表情我知道，他们对我这个建议简直不能理解。不仅不能理解，还多少以为我这个做法有点疯子般的举动。

我仔细解释：“把这墙墙壁打穿，然后把背投放在隔壁的房间里，再加上一个折射镜头，整个现场就浑然一体，既增加了会议室的面积，又使得原有的压抑感以及投影仪可能会带来的散热问题都解决了。”

有人问，黄总，你出的这个主意是个好主意，但毕竟要打掉北京饭店一堵墙，饭店方会同意吗？还有，这面墙是承重墙吗？确实，这个问题提得很有分量。在我们来这里选场址之前，北京饭店刚进行过一次整体装修，这间会议室就是装修后的产物。这些装修他们花了大价钱才完成，一次没用，就让人家打掉，存在很大的难度。

万嗣铨副主席看着我：“克俭，你确定能打掉？”我自信地说：“能打掉，但就怕饭店不同意，隔壁是工具房，我问过了，而且打掉之后长度也正合适！”

他说：“只要合适就行，你不用考虑饭店会不会同意。”

我说：“万主席，我已经去实地调查过了——从门缝里看见的。”在这之前我溜出去的十分钟时间里，我偷偷问了一个负责装修的工人师傅，从他那里我知道了这堵墙的隔壁是间工具房。

万主席略微考虑了一下，立刻离开会议室，去和北京饭店的人谈，让他们打掉那堵墙。

饭店的人当然不同意，拿出许多理由，说会议室的布局对他们来说是考虑了很久的，况且这里又是刚刚装修过的，等等理由，摆明了他们的态度：这堵墙是不可能打掉的。最后万主席对饭店负责人说："你们不用跟我说这么多理由，我知道你们隔壁是间工具房，那堵墙也不是承重墙，做这样的改造再简单不过。"

饭店的负责人当时就卡在那里，再也无法拒绝。

墙最终打掉了！

在对会议室进行二次改造的过程中，饭店负责人反复问万主席，究竟是谁出的馊主意，要打掉这堵墙，这个主意也太狠了点。我当时就站在他们旁边，一声不吭，顾左右而言他，生怕饭店的人来找我"秋后算账"。墙打掉之后，会场的感觉立刻出来了。所有的人见了这个"新"会议室都赞不绝口，打掉一堵墙，也打掉了众人心头一个沉重的包袱。

事后，万主席对我说："克俭，你真是个人才。我看你以后别搞什么字库了，就去搞建筑设计吧。"我欣然一笑。要知道，万嗣铨副主席本人就是个建筑专家，现在的国家大剧院业主委员会的董事长正是他来担任的，能得到这样一位建筑专家的夸赞，实属不易。

其实，在整个申奥过程中，真可谓"遇山开山，遇水架桥"，打掉北京饭店一堵墙只是一个缩影。在这样的大事面前，在国家民族为了一个目标共同努力面前，一切个人的事情都是小事，一切集体的事情同样都是小事。

7 月 13 日晚，奥申委陈述组总导演万嗣铨（左）与我在招待会现场。

2 月 21 日到 24 日那四天的陈述，墙壁上的折射屏发挥了巨大的作用。本来，在陈述间隙，我们准备放一个帘子将折射屏遮掉。后来，我们改变了思路，觉得每一个瞬间都是我们宣传奥运的机会。我亲自做了三套图片慢慢地切换，放上恬淡的背景音乐，整个图片显得非常优雅。第一套图片是北京风光，第二套图片是北京的场馆以及运动，第三套图片是残奥会，我想通过这几组图片宣传北京的同时，表达了这样一个理念：残奥会应该受到夏季奥运会同样的对待。那四天，我们真是争分夺秒地来宣传我们的人文关怀和理念，生怕有一分一秒白白浪费，要知道奥委会的这些委员有些是第一次来到北京。

3．下水管道意外破裂和睡着的奥委会委员

在选择场馆的时候，我提出了一个意见：如何保持室内良好的空气环境，是个不容忽视的问题。放在申奥的大氛围里，这样的小事看上去不值一提。不过当时我对这个问题确实有些忌惮。想想，四天时间内，那么多人聚在一个会场内，保持会场内空气流通是极其重要的。后来会场定在北京饭店，选中的那间会议室本身层高有限，即使后来打通了工具房，给背投提供了一个合适的空间，但毕竟人多地方小，那么多人相聚一堂，连续开上四天会，不用想，空气质量就会很糟糕。

我突然想到在美国拉斯维加斯的赌场里，为了让赌客们保持清醒、轻松的状态，往往会将环境设计得没有时间概念，而且不断往里面吹氧气。

想到这里，我就有了一个想法，能不能往会议室里输些新鲜的氧气？这个想法在很多人看来简直就是神经质。可我不这么认为，毕竟来参加这次评估会的委员们是从不同的国家不同时差区直飞北京的，且不说时差的问题，就是环境的改变也同样会让一个人的作息规律发生紊乱。举个简单的例子，长期在西藏生活的人，来到北京就会犯困，有个时髦的词语与之对应叫“醉氧”，氧多了都会犯困，何况闷在一间屋里呢？要知道这次来北京的国际奥委会评估团成员是来自不同国家的国际奥委会委员，他们都是从自己的国家来北京

集结，漂洋过海，长途跋涉，最需要的就是一个良好的环境。

有了这么一个想法，我和几个同事真开始考虑了：如何往里面输氧，如何保证会场内新鲜的空气。如何把氧气稀释到空气里，又如何再把稀释后的氧气灌进会议室。因为之前我没有相关经验，只好临时抱佛脚，找来一些专业书，恶补了一番。到后来，我找到北京饭店的相关负责人，从他那里咨询了饭店的管道布局。等我把情况了解得差不多了，跟万主席说了一下。他很惊讶，详细问了我为什么要这么做。这件事情后来因为一些具体操作上的困难，也就没有动手实施，算是了结。

谁想到，后来偏偏在会议室里的空气这个问题上出了问题，而且还是突发事件，令所有人捏了一把汗。当时大家都在会议厅里布置会场，离最后的开会时间也仅仅十来个小时。我们这帮技术协调人员和一些工作人员紧张忙碌着。我正在会议现场指挥安装比利奇刚刚完成的《北京印象》那幅画，就闻到了一股恶臭味。等我刚反应过来，整个会议室里已经臭气熏天，几乎令人窒息。

每个人都放下手中的工作，四处张望，捏着鼻子喊道："怎么回事？怎么回事？""哪里出问题了？""出事了！"大家完全不明白为什么短短的一两分钟之内，会议室弥漫着这么一种气味。

很快臭源找到了。原来北京饭店刚刚进行完装修，一些后续工作还没完成。当时，一个维修工在会议室后面的甬道里清理水管道，太过大意，把下水道的管道挖破了。要命的是，这条下水管道涌出的臭气直接输到了新风管里，还没等饭店反应过来，臭气通过新风管已经弥漫在会议厅里。

臭气进来容易出去难。

在场的北京奥申委的领导们火了，愤怒了，大发雷霆，怎么办啊，现在怎么办？申奥关键时刻，出这样的乱子。一时间，整个北京饭店乱成一团。在那种场合，无论谁当领导都会发脾气。毕竟离会议开始只有短暂的十个小时了，而现在会议室变得一塌糊涂，惨不忍睹。连时任副市长的张茅也专程从市政府赶过来，亲自过来督导解决这个突发事件。饭店领导对这个突如其来的问题高度重视，赶紧采取补救措施，组织抢险。

首先，集中维修人员以最快的速度把破损的管道维修完毕；其次，把会议室里面的排气扇全部打开，往外排那些污浊的空气；最后，用风扇和鼓风机往会议室里吹风，不停地吹。总算这件事解决得比较及时，没有酿成大祸。不过每个人心里还是有些后怕。想想，如果里面正在开会的时候，出现这种问题，那该怎么办？如果真有个输氧的设备，从后面的新风管里进会议室，这个问题也许就不会出现。

管道破损一事结束了，不等于室内空气就得到很好的改善。环境还是那个环境，厅小人多，等到那么多人都进了会议室，会议一开始，空气浑浊的现象还是出现了。在那种暖洋洋的空气里，人很容易犯困。有两个评估团的奥委会委员坐在椅子上，强打精神，最后慢慢闭上了眼，不停地在打瞌睡。

最为滑稽的是，两位委员憨态可掬的睡姿被我们的摄影师准确地捕捉到了，而且一拍就是十几分钟，这又是为何呢？那四天的转播采取的是录播方式，我们是第一个进行评估程序的城市，保密显得尤为重要，不能为了新闻报道领先，就泄露了相关机密。所以，每日陈述前 5 分钟，会议室是开放的，让记者进来采访一下，然后再清场。会议室里只留下两个机位——奥申委的机位。当时，我们两个机位，一个放在中间，拍我们的陈述人的镜头；另一个是在陈述台上，捕捉这些评估团成员的一些开会时的情况。

结果，在转播过程中，突然出现了一个意外。前面那个机位专门负责拍摄陈述人的摄影师，由于糟糕的室内空气睡着了，结果把整个摄像机的镜头直接打到天花板上。我们后台总控室看见镜头里就是一块天花板，一动不动。我们赶紧用对讲机去叫他，他的耳麦没电了，叫不醒。

这时，另外一个的机位也跟着出了问题。那个专门负责拍摄委员们镜头的摄影师，则一直把镜头打到评估团的一个非洲委员身上——大特写，可因为时差原因，那个委员歪头睡着了。画面显示着那个睡着的委员的特写镜头，前后延续了三五分钟没办法切断。

好在那次对外是录播，这两个镜头不为外人所知，但事后，我们惊出一身冷汗，想想，幸亏因为保密，没有采用现场直播的方式对外播出，如果真把天花板和睡着的委员两个镜头切来切去，真不知道会引起什么样的后果。我私下里想了想，出现这样的情景，多少跟会议室的环境有关，如果真往里面输些新鲜空气，我想，也许这样的失误是可以避免的。

有时回想起来，对那些冲刺的申奥日子，总有种惊心动魄的感觉，而在惊心动魄之外，总觉得有些后怕。毕竟申奥无小事，有时，些许疏忽，一个场合，一句话都可能会影响整个申奥进程，处在那种环境中，真是需要置身其中的每个人“眼观六路，耳听八方”。说“一着不慎，满盘皆输”有点过，但从实际影响角度来说，真需要每个人认真再认真，仔细再仔细。

4. 风雨雾雪：一点都不讲究的北京天气

回望2001年2月份的那次评估团来京，奥申委的许多人至今仍心有余悸。当时，北京的天气一点不给奥申委面子，四天的天气简直糟糕透顶：大雾、连阴天、刮风，这些不利的天气，在那几天集中暴发了。对于许多没来过北京的国际奥委会委员们，这样的天气、这样不凑巧的交通堵塞，让奥申委的领导们十分紧张。

2001年2月4日，北京城一片春光融融，这一天是农历立春，离21日的陈述还有十多天的工夫。从奥申委办公室的玻璃窗中瞥见四处萌动的春意，我心里豁然开朗，觉得这是个好兆头。我找来前两年的报纸杂志翻看了一下，在纸上记录了一下北京刮沙尘暴的日期和规律：每年阳历三、四月份是沙尘暴集中暴发的期间，而2月21日离这个规律性的暴发中心还是有一段时间距离的。看到这个“历史性”规律，我心里坦然很多，加上手上的工作实在太忙，就把这事忘记了。

转眼到了2月20日，离考察团到北京来的时间只有一天，忙碌一个多月的琴弦绷到最紧，大家忙得焦头烂额，努力做好各方面的准备。谁也没料到，在这样的节骨眼儿上，北京的天空忽然就变得糟糕起来。19日那天还勉强过得去，早春料峭中倒可以看得见白亮的太阳，风稍有些大，交通也差强人意。只是一早一晚，北京的天空黯淡许多。

19日的黄昏时分的情景，使我心情颇为凝重，我想不会是沙尘暴提前来到了吧？

到了20日那天，我早上一睁眼就觉得有点不对头，透过窗帘，看看窗外黑乎乎的，天亮时间似乎比以往推后了两个小时，往常这个时间，窗帘已经蒙蒙发亮。洗漱完毕，早晨出门一抬头，见整个北京城上空似盖了一个淡灰色的锅盖——大家一直都担心的天气还是没给我们面子，阴云密布，像酝酿许久的阴谋，一点一点侵吞着我们焦急的心。天气一差，出门打车、开车的人自然多了起来。北京城里几条主干道堵得一塌糊涂。天气、交通，这两样考察团最关心的核心问题，连在一起暴发了。

所有的人都着急起来，怎么办，怎么办？

20日一整天，大家工作之余，不时往窗户外瞧两眼，希望天能突然变得亮起来，外面突然云开雾散，蓝天白云，明日高悬。办公室里的每个人都很严肃，一眼望去，到处是焦虑的面容——每次抬头，都能看到大家脸上的严肃加重了一重。看来，所有人心里都在打鼓，都恨不得评估团来京的时间能往后推迟几天。好多人嘴里都嘀咕着，这鬼天气，简直要人命。负责接待的同事，一遍两遍往机场打电话，生怕有航班延迟、取消的糟糕消息。如此情景，确确实实让奥申委的所有工作人员都忐忑不安，心里没底。

2月20日的天气糟透了，大家祈祷着21日天气能够变好一些。几年前的北京早春，天气状况一向是最差的时节。很多人嘀咕，这几天，一旦刮起沙尘暴，后果不堪设想！别的问题多少可以隐藏起来，唯有天气问题不能隐藏，也无法隐藏。那么大的天，明摆在每个人的面前，藏无处藏，解释也不好解释。

20日的夜变得漫长，变得沉重。

转眼到了21日早晨，让大家极其失望的是，从一早晨开始就雾气蒙蒙，四下里灰溜溜的，北京的交通又是一塌糊涂。我在21日早晨7点10分乘车赶到了北京饭店。一走进会议室，我就看见早早就赶到的刘淇主席站在会议室中直摇头。让刘淇主席担心的当然不仅仅是天气的原因，他是怕给评估团团员留下一个不好的印象，又怕工作人员因为天气的原因和交通的原因不能及时到位。确实，这样的天气，谁心里也没有底。

离到岗约定时间还有近一个小时，北京饭店门口就已经忙碌起来。

在交警的帮助下，工作人员的车一辆接一辆迅速驶进北京饭店的停车场，别的地方堵，这里却是井然有序。大家绷紧的神经稍微有了些安慰，每个人心里都在想，好在提前作了布置，才保证了外围一切很正常。下了车，大家拿着文件，抱着材料，立刻跑向自己的工作岗位，各就各位。

所有人都沉默着。

所有人都在朝某个地点奔跑！

所有人见了面互相之间表情严肃地打声招呼，就擦肩而过！

比约定时间提前半个多小时，大厅里当日负责陈述的陈述人已经到齐，所有专家都已经到齐。我也来到后面的总控室，打开装订好的所有PPT文件的稿子。紧接着各方负责人纷纷向领导汇报所有工作人员已经到了工作岗位。报告，谁谁已经到位！报告，大厅工作人员全部到位……那场面让人热血沸腾。

后来我想，天昏地暗的环境中，还能有上面一幕出现，真让人感动。正因天气环境极度恶劣，每个人都格外认真，每个人都十分严肃，大家心里有着一个共同的想法：天气差，交通差，所以我们要做得优秀，做到最优秀。当一切都调试完毕，只等着预定开会时间的到来，大家绷紧的神经才有些松弛下来。在这样的环境里进行陈述，显而易见，难度加大，同时要更把陈述变得更具说服力，而所有的幕后工作更需要做到尽善尽美。

8点半，评估团准时进入会场，当时评估团团员直接乘电梯从客房下到地下一层，吃了早饭后，直接来到会场，根本没有机会看到外面的天气状况如何。会议室里，评估团的成员面色轻松，有说有笑，拿着材料，陆续在会场安坐。从他们轻松的表情可以看出，他们并没有受到外面天气的影响——后来我想，幸亏我们选的会场是在地下一层，这样委员们就不会“注意”外面的天气了。

等评估团坐下来，工作人员继续忙碌，对一些设备和机器做最后的调试。9点钟，会场上所有的机器调试完毕，所有的程序工作都步入正常，会议按照原计划正式开始。21日一整天，我坐在会场后的总控室多媒体控制室里，负责PPT播放的协调工作。

很快，21日那天就过去了，一切都很圆满，出人意料的顺利，各项工作都按原计划完成。

21日“天苍苍地茫茫”的天气状况，让我们很是捏了一把汗，等这一天过去了，大家心里还是没底，生怕22日接着“风云突变”。

22日那天一早，十米外都快看不见人了：北京突来大雾！接着又淅淅沥沥下起了寒春小雨！糟糕，老天嫌雾给奥申委制造的麻烦不够，又下起了雨。

谁能想到，老天如此不给面子。

22日那天早晨，刘淇主席照例来得很早，他比21日那天更加担心。毕竟是雾，这么浓的雾，谁看在眼里谁都觉得压抑。好在有了21日那天的经验，大家都格外注意控制自己的时间，早早来到工作岗位。21日那天，我一直待在会议室后的总控室里，只是偶尔出去一趟，到坐满了专家的休息室里，看看总体进展情况。其余时间一刻都不敢离开，生怕某个环节出了问题，精神高度紧张。中午是会议休息的时间，我也没出去，吃了饭，一头扎到监控室，仔细查看一遍，生怕有什么遗漏。

22日这天的大雾和小雨，依然没对评估产生什么大的影响。唯一的影响就是所有的工作人员更加紧张、更加严格，生怕在这样糟糕的天气里，出了差错，捅了娄子。23日那天重复着22日那天的风景，有段时间，居然下起了阳春雪，洁白的雪大片大片落到地上，混着泥水变成脏兮兮的一片，情景令人惨不忍睹。好在陈述人和专家团的陈述和回答环节表现得都相对出色，天气被忙碌的会场暂时遗忘了。

24日那天中午，四天的陈述结束了，我昏沉着脑袋，拎着自己的包，走出北京饭店的旋转大门，眼睛唰地一下亮了：饭店外面，天气已经彻底好起来，一改前几天灰蒙蒙的天，雾蒙蒙的气。太阳隐蔽了好几天之后，照常升起了。阳光普照大地，晴朗的北京城里，车来车往，往日隐藏起来的春晖就这样一点一点氤氲在大街小巷里。我站在门口，好久没动，我就那样久久仰望着蓝天，直到日光晒得我两眼发疼。

北京的天，就这样戏剧性地在最重要的四天里来了个360度大转弯。在整个工作结束的时候，它终于晴朗起来，古都许多建筑经过雨水和小雪的冲洗，在阳光下光彩夺目，这是一种怎样的景象，又是一个怎样的兆头啊？

后来，纵观整个申奥过程，许多关键时刻，都跟雨水有关，也许这是一种巧合，也许这更是一种吉祥的征兆。不过等评估工作一结束，北京顿时雨过天晴，蔚蓝的天空犹如水洗，深远的天际飘满洁净的蓝布，这样的风景，让我十分感动。我记得很清楚，4 天陈述下来，我吃腻了自助餐，熬尽了最后一丝精力，到了第 4 日中午，我已没有一点力气了，本来想参加下午的新闻发布会，却只想回去倒头大睡。我乘车离开北京饭店，从雨水冲洗得干干净净的挡风玻璃往外看，白日如目，蓝天如海，再也没有比这更好的天气了。当时，我就欣慰极了，我想，对于申奥来说，这样一个天气转变过程，无疑是一个好兆头。

5. 实地考察突袭战

21 日、22 日两天的陈述波澜不惊，整个评估工作朝着良好的方向发展。评估团的团员也没有提出什么特别的要求，大家对那种良性发展节奏很满意。到了 23 日，上午的陈述会顺利进行完毕，整个评估团开始短暂的午休。奥申委在这段时间没有安排任何内容，空出一段时间供评估团委员们休息。

吃完午饭，午休完毕后，奥申委安排了评估团到某场馆去参观。此时，团员之一的布勒卡突然提出来，他要到奥运村去看看——看看从这里到奥运村是否像陈述中说的那样，只需半个小时，布勒卡提出的这个要求自然有些“刁难”我们的意思：“我就来个突击战，看看北京的交通具体交通状况到底如何？”

这个名叫布勃卡的委员究竟是谁？

布勃卡，俄罗斯著名的撑竿跳高名将。把他的成长史放在任何人面前，都会让人由衷的赞美：布勃卡职业生涯中6次夺得世锦赛冠军（1983年、1987年、1991年、1993年、1995年、1997年），35次创造世界纪录，在世界撑竿跳领域称霸15年，其保持的室外6.14米和室内6.15米的世界纪录至今无人打破，被称为撑竿跳项目上的“沙皇”。

布勃卡从9岁时开始练习撑竿跳。1983年，布勃卡在芬兰首都赫尔辛基举行的世界田径锦标赛上以5米70的成绩夺得撑竿跳冠军。1985年在巴黎，他跳过了6米，首次超越人们认为不可逾越的高度。1988年，他将纪录改写为6米10，是首位跳过6米10高度的撑竿跳运动员。在1988年汉城（今首尔）奥运会上以5米90的成绩夺得冠军。在1984年到1988年之间，他将撑竿跳的世界纪录提升了21厘米，这个成就超过了其他选手在过去12年中的成绩。1991年，他再次跳出6米10的成绩，但是在时隔一年后的巴塞罗那奥运会上，他发挥失常，没能进入决赛。1996年亚特兰大奥运会，布勃卡因伤退出。

此次布勃卡作为国际奥委会评估团团员之一，来到北京，参加对北京的评估工作，足见当时国际奥组委对此次评估工作的重视。他突然提出的这个要求，让奥申委的领导们不大不小地震惊了一下。因为当时在评估陈述中，我们着重把所有奥运场馆交通和具体设施细节化、量化放到了每个评估团成员面前。我们当时向与会的评估团成员承诺从奥运村到所有比赛场馆时间不超过三十分钟。而敏感的布勃卡在那两天特殊的天气环境里，对北京的交通还心存疑虑，所以他吃完午饭后，立刻就提出了这个计划外的要求。

怎么办？找专车开道？

不行，我们对开专道来保障交通的做法，积累了相当丰富的经验。但在这样的环境下，开专道非常不合适。一来，这是布勃卡即兴提出的要求，他目的就是想来个突袭战；二来，为他一个人的率性想法去开专道，也显得有失严肃。最后奥申委的领导们考虑了一下，做出了一个令所有人大跌眼镜的决定：不派清道车，也不要交警帮忙，直接让布勃卡坐上一辆工作车，奔北四环外的奥运村！

要知道，那两天北京的天气状况不太好，早晨还有大雾，又从北京饭店开车到北四环能行吗？

能行！

为什么？因为之前的工作车已经做了详细的安排。普通人可能看不出来，觉得那一溜工作车跟别的车没什么不同，其实大有玄机。每辆工作车多有一个特殊的证件编号，带上这个编号，工作车会在北京城受到交警的“优待”。除此之外，奥申委在小事上下了大功夫。北京饭店外停着几辆出租车，这几辆出租车也是有特殊牌照的，为的就是应对评估团成员突然提出要求要去某个地方，而做的充分准备。

我在那段时间也受到了如此的优待。我的车也配了一个这样的特殊通行证，通行证号恰恰是108。我每次从家里去北京饭店，要走长安街，从天安门往东，要掉头的话一定要到建国门桥下才行。可是有了这个特殊通行证，当车开到北京饭店门口的时候，就立刻有交警拦住过往车辆，让我拐进北京饭店的西楼，那是我平生第一次“违章”左转。为了评估工作的顺利进行，当时北京饭店门前长安街中心的护栏都被拆掉了一段。

布勃卡上了汽车，车就一溜烟儿往北四环出去，一路上出奇地顺利。没有交警的帮助，也没有违章、闯红灯。该走的走，该停的停。从北京饭店赶到奥运村，前后三十五分钟都不到。车开到奥运村，布勃卡一脸轻松，说了句，不错，很好。

后来，我 4 月份和 7 月份两次到莫斯科，才知道布勃卡为何要突然搞“突袭战”。莫斯科的交通问题十分突出，几条城市的主干道经常堵车。处在那样环境中的布勃卡自然会对交通尤为重视。来到北京后，他听了奥申委的陈述，唯恐我们有“欺骗”之嫌，遂想亲身体验一番北京的交通。

他事先没提，怕奥申委给他来形式主义，一路上给他来个畅通无阻，那就看不到效果了。所以在吃完午饭后，他突然提出来要去

国际奥委会评估团在北京考察国家奥林匹克体育中心，中国奥委会副主席、北京奥组委体育主任楼大鹏（前中）向评估团介绍情况。

在北京老山射击场，评估团成员、原撑竿跳运动员、世界冠军布勃卡与中国奥运冠军许海峰愉快交谈。

奥运村看看，原汁原味体验一下北京的交通状况。

谁想，那天奥运村之行，是如此顺利。没有警察开道，更没有清道，只是像一辆普通的汽车行驶在北京城腹地，仅此而已，但收获非凡。当时敢做出让布勃卡坐一辆工作车去奥运村的决定，恰是因为前期工作做得十分详细、认真，故而到后来才可“顺其自然”。

6．精彩的PPT和精彩的新闻发布会

对于评估团到北京现场评估的那紧张的四天，现在在媒体上和申奥的一些总结材料上也许只能看到这样简短的几行字：“2001年2月21日至24日，以国际奥委会委员、国际自行车联合会主席海因•维

尔布鲁根为团长的国际奥委会评估团一行17人到北京考察。考察期间，评估团听取了北京奥申委17个主题的陈述……”

事实上，在2月份的陈述会，奥申委付出的努力和辛苦是巨大的，看似随意一笔都是反复斟酌的结果。而在这其中，作为多媒体总策划的我，在对17个主题陈述配套的PPT的设计、制作过程可谓困难重重。我和我的同事们在一个月左右的时间里，加班加点，四处寻找专家和朋友帮忙，为最后所有PPT的准时、精彩呈现，付出了诸多艰辛努力。

1月13日我从美国回来到2月20日之前那段时间，是我在奥申委工作期间最辛苦的一段。基本上我每天早晨起来后，漱洗完毕就得立即乘车赶到奥申委所在地新侨饭店。忙碌一天，见一个又一个陈述人，咨询一个又一个专家，修改一张又一张图片，凌晨两三点离开奥申委返回家是常事。

工作量太大，我每次把大量的设计数据调准以后，赶紧去分派给相关设计人员完成。接着，我再拿着这些完成的PPT同相关陈述人一张灯片一张灯片地去排练。我要计算每一张灯片和灯片之间的间隔时间够不够准确，陈述人陈述是不是有一个非常好的节奏。此外，就是在PPT的细节上所做的大量工作。我们要求图片上的文字显示三行到五行最好，最多不要超过七行，所有这些都是按着极其专业的方向迈进的。

在整理上述这些基本框架和理念的设计之外，我们在PPT的细节上下足了功夫。

比如，在杨澜的陈述中，我们就特意插入了一幅古代绘画的图案。在中国古代，有很多宫廷女子会聚在一起踢绣球，而宫廷画家就把它绘成一幅美丽的女子运动图。那幅画直观上理解是一幅艺术品，但它表现的内容正好是体育的内容——直接和我们中国古代的蹴鞠运动有关。为了找到这幅图，我和我的同事们花了很多时间，到图书馆、上网，只是为了能找到一幅既有运动场景，又有中国传统元素，此外最好角度比较新颖的图画。苦心人天不负，我最终在一本古代宫廷画的画册中发现了这幅宝贵的图片。我们把画稿扫描进去以后，放在了杨澜的陈述中。所以杨澜的陈述中就有了这样一幕：她说："其实在很早，蹴鞠运动就在中国很盛行，这种运动在女子中也很普及。"——这时背景PPT上就打出了这幅画，杨澜话锋一转，"委员们，这就是为什么中国女子足球队这么厉害的原因"。这番巧妙的陈述顿时把台下的委员们引得哄堂大笑。

在奥运村的主题PPT上，我特意耍了一些"小把戏"，比如在展现奥运村中运动员居住的房间具体格局时，我特意在门上嵌入了运动员的名字。那个搞突然袭击的俄罗斯体育明星布勃卡在PPT的Flash视频里看到自己的名字，惊讶极了，接着开心地笑起来。这些"小把戏"做起来却是要费大工夫的。我曾看过一段电视片，里面有这样的一幕：在清水里放了一块豆腐，然后用花刀把豆腐雕成一朵惊艳的白牡丹。其实在17个主题的PPT制作过程中，就如同在豆腐上雕牡丹一样难。你必须在有限的空间内，把相关主题的所有细节都要涵盖到，方寸之间展示的是举国力量，操作难度之大可想而知。

除了寻找PPT的素材以及在细节上做精做细之外，那一个多月，最耗工夫的还是对PPT的修改。这种修改贯穿始终，甚至到了评估会议真正开始的时候，我们还在对相关PPT进行修改。在第一天陈述完成以后，负责环保主题陈述的陈述人廖秀冬面色略带慌张地来找我："黄总，评估团里的环保专家跟我们谈了谈，我觉得已经定稿的那组关于环境保护的 PPT 可能需要修改。"听到这话，我立刻扔下手里的活，赶紧去找设计人员。

我当即决定，对定了稿的 PPT 立即进行修改。

本来环保主题是放在第二天陈述的，现在还有时间做最后的更改。临阵换材料自然犯了兵家大忌，可为了追求更准备更完美的 PPT，只能这么做，没有选择。刘曙带着几个人赶紧回到奥申委，开始一张一张修改。时间就这么一点一点过去，等到最后一张幻灯片搞定的时候，才发现，已经到了凌晨四点，离陈述的时间还有几个小时。到陈述时，装着 PPT 的盘都没有凉，放出来的 PPT 给我的感觉都是热的。看着台下露出满意笑容的评估团专家，我心里蓦地被触动。我想，如果没有 PPT 即时修改的功能，如果还是按照我进入奥申委之前拟定的视频文件播放方式进行下去，那么今天的场面，我都不敢想象，肯定会是一团乱一团糟。一个小小的更改，就需要许多人大动干戈才能完成。

除了对 PPT 进行反复修改、精心准备之外，我当时还提出了在文件上做好准备。不仅仅是相关视频材料的准备，还要准备一些与视频、PPT 相配套的打印材料。

这种做法乍一看完全不必，甚至有画蛇添足之嫌。有了 PPT 电子版本何必再准备材料？按照以往经验，我猜测这些评估团成员肯定富有国际会议的经验，他们会对相关数据和文字记录感兴趣，同时肯定会对一些转瞬即逝的镜头和画面感兴趣。可他们如果想记录的话，肯定要耽误他们看下一张图片的时间，他们的兴趣点不得不迁就于下一张图片，而忽略了这一张精彩的图片以及图片上的内容。

可评委们的兴趣点恰恰是我们可以发掘的亮点，何不利用这个机会，详细地把这个镜头，这张画面介绍给他们呢？

我提出来后，领导们很支持。在工作人员的帮助下，我们就动手准备把PPT汇集成一份文字材料。可问题接着又出来了，因为我们的PPT到了最后还在细节上会有些改动，那又该怎么办呢？那就直接打印最后的PPT！

每次PPT定稿之后，我们就迅速把它直接打印成厚厚的一份彩色图纸。每页A4的纸打印三张幻灯片，同时在旁边留出批注的大空格，可供评委们随时在上面记录或批注。后来，这份“临时材料”吸引了所有评估团成员的注意，省了他们不少力气。

正是奥申委的精心准备和陈述人的艰苦付出和精彩表现，加上PPT对陈述的辅助作用，四天的会议进行得非常顺利，得到了评估团的高度赞扬。

2001年2月21日至24日，国际奥委会评估团在北京饭店听取北京奥申委的陈述。

24 日上午，评估陈述进行完毕，从转播屏幕中，我可以看到现场的评估团团员都露出了轻松的笑容，我紧绷的神经在他们轻松的面容中也跟着松弛下来，接着我就感到了困倦——一个多月以来的第一次困倦。我知道这边的工作已经成功完成了，就收拾好自己的材料，往外走。在走出会议大厅的时候，我遇到了刘淇主席，他见我往外走，赶紧叫住我，对我说，“评估团下午有一个新闻发布会，发布会现场有一个大屏幕，你能不能想想办法，在屏幕上放一幅图片什么的？”

我考虑了一下，说，“没问题，但你得让我先回去睡一觉，我太困了。”不过，在我要离开北京饭店前，我还是妥善处理好了这份工作。我经过仔细比较，选择了利用折射屏播放的三组图画中的一幅天坛特写图片：蔚蓝的天，鲜艳的天坛，庄严、肃穆又衬托出美丽的环境。我交代工作人员，就把这幅图片放在下午评估团新闻发布会现场的背景屏上。

临走，我又回过头来对他说，放那张带着中英文的“北京欢迎您”的图片。交代完这件事，见他忙着，我就匆匆走了。我走的时候，还在想等我回来后，再把这张照片处理一下，看能不能有更好的创意和突破。其实后来我根本就没回来。不是不想回来，而是人一挨到床，就睡过去。等我从酸涩的睡眠中挣脱出来，浑身如散了架，几乎不能动弹，我勉强睁开眼，看了看窗外，让我吃惊的是，天都黑了。我赶紧爬起来，看了看表，刚刚六点，我赶紧打开电视机，看到新闻发布会现场的那幅“天坛”图片，心中一阵温暖袭来。随后，我一翻身，又躺下了。

后来，出乎我意料的是，那张晴朗天空下鲜艳的天坛图片起到了非常好的效果，它把我们的主题、我们的思想和我们的态度完美地展示出来了。图片上那蔓蔓丝丝的白云，那如染如倾的蓝天，那画面之外的晴朗声音，那代表北京市的标志性建筑天坛，向全世界宣告，向所有热爱奥林匹克的人们宣告，向中国期盼已久的无数颗滚烫的心宣告：从今天开始，从这里开始，奥林匹克的太阳，将在这片勤劳富饶的土地上，将从这幅天坛的图片上——冉冉升起。

一个多月的辛勤努力，平均下来两天不到的一组 PPT 制作和一组陈述材料的梳理，加起来不过一百多个小时的睡眠时间，这是我初入奥申委的最直观的感受。所幸的是那次评估会的陈述给评估团留下了非常深刻的印象。在那天下午的新闻发布会上，团长维尔布鲁根对着全世界的记者和媒体对北京申奥的准备工作给予了四点高度评价：

“第一，我想要强调一下北京奥申委的工作班子达到了非常高的专业水平。经过四天与奥申委紧张的会议，从评估团的角度讲，我们感到印象非常深刻的是北京奥申委工作的专业水平和陈述水平

2001 年 2 月 25 日，国际奥委会评估团在北京考察结束后，北京奥申委在北京饭店举行新闻发布会，回答了中外记者的提问。

都非常高。同时，还包括他们对背景知识深入的了解等。他们这些专家对于各自专题表现出了十分熟练的专业程度。我们还就他们的陈述提出了一些问题，在所有的主题上都从他们那儿获得了一些澄清和进一步的解释。

第二，我想要说的是涉及环境的问题。北京投资 120 多亿美元用于环境改善项目，其中 36 亿元人民币已经花出去。在'绿色奥运'的主题之下，也就是说，北京如果获得举办资格的话，他们制订了一些相应的计划，准备进行一些非常重要的建设项目。

第三，是中国政府和群众的支持。我想强调一下，北京的申办得到了非常强有力的政府支持。我们很高兴地说，我们自己的调查也证实了北京奥申委给我们提供的数字的确是准确的。

第四，我想强调的是体育比赛和赛事。北京奥申委提出了一个非常利于安排体育项目的构想。奥运会将会为中国的体育发展以及为北京人民的生活留下长久的遗产。"

从以上四点评估团对北京申奥准备工作的评价，我们就可以看出，从申奥一开始，北京，这座第二次向国际奥委会提出申办奥运会的城市，就已经开始领先了。

7. 维尔布鲁根团长对奥申委的评价

维尔布鲁根在 24 日下午的新闻发布会上对奥申委的工作用下面这句话给予了他的评价："我想要强调一下北京奥申委的工作班子

达到了非常高的专业水平。经过四天与奥申委紧张的会议，从评估团的角度讲，我们感到印象非常深刻的是北京奥申委工作的专业水平和陈述水平都非常高。同时，还包括他们对背景知识深入的了解等。他们这些专家对于各自专题表现出了十分熟练的专业程度。”

听到维尔布鲁根能够给出这样高的评价，我们这些为之努力的工作人员都感到十分欣慰。其实从一开始，我们对于“陈述”这个词的理解都不是十分明确，什么叫陈述？一个有13亿人口的国家，一个95%民众支持申奥的国度，我们如何把这些伟大的数字和激情的人民融入“陈述”这两个字当中？

所以，这看似简单的“陈述”二字其背后所涵盖的内容是极其丰富的，所要做的工作是巨大艰难的。到后来，我们理解的国际奥委会要求看到的“陈述”其实是一种承诺：国际奥委会所关心的问题和担忧的问题，我们通过陈述来回答他们，承诺他们，让他们放心，让他们相信，中国，北京有能力处理好这些问题，有能力成功地举办一届奥运会。有了承诺这个基调，具体实施陈述工作还是相当复杂的。其中涉及运动项目的主题就涉及28个单项、300多个小项，还有对每个小项的竞赛规则与人员安排。管中窥豹，略见一斑，整个陈述工作无疑是一个相当大的系统工程。当时，我们采取的策略是以稳为胜：在每个环节尽量覆盖到国际奥委会所关心的每个问题，比如交通的问题、环保的问题、气候的问题、场馆的问题、转播的问题。

在我进入奥申委之前，陈述的文字稿基本确定了，我不知道有多少人为这17组陈述的文字稿付出过自己的心血，提出过自己的见解。在我看来，参与陈述用的文字材料编写与整合工作的人员少说得有好几百人。举个例子，一部成稿后的《申办报告》直接参与其中的就有 600 多人，而间接涉及的相关人员则有好几千人之众。

2 月 21 日那天，陈述开始，见 PPT 播放都很正常，我就到外间的休息室溜达了一圈。走到休息室，里面的情景把我吓了一跳。宽大的休息室里坐着的都是 21 日上午相关陈述主题的专家，在一个休息室里囊括了那么多社会精英。

实际上，每个陈述主题，为之服务的共有三级专家。第一级专家就是陪着陈述人坐在陈述台前的三到五位专家，每次陈述人就该主题陈述完毕后，评估团的团员会就陈述内容提问——这有点像硕士、博士论文的答辩现场，而这些第一级的专家就是要负责回答这些提问。

在这些一级专家中，有一个人给我留下了特别深刻的印象，他就是国家登山队的队长王勇峰。为什么王勇峰会出现在陈述现场呢？当时杨澜的陈述材料中有一部分是关于中国对奥运火炬传递路线的设计，我们要把火炬从尼泊尔的南坡传到地球的最高点——珠穆朗玛峰，从珠穆朗玛峰进入中国，经过布达拉宫，再从西藏传送到国内其他地区和城市。这是我们做的一个很大的火炬接力的亮点。奥运的口号是更高、更强、更快，我们通过奥运火炬传递到人类最高点，来表达我们对于奥运精神的独特诠释，实际上就是挑战人类的极限。

我们在设计这样的路线，就知道评估团的团员一定会为此担心。他们可能会问，在那么高的地方，人都缺氧，火炬能不能着火？还有人拿着火炬能不能上去？大家知道一个人登珠穆朗玛峰，徒手上去都不容易，何况还要携带一个火炬。此外还有一个最关键的问题，火炬实况转播怎么办？一个人高度缺氧的情况下怎么摄影？那些登山队员不一定会摄影，那些摄影的人员不一定会登山；电池在那么低的温度下能够持续多长时间，镜头会不会被雾住了？为了回答这些技术问题，我们就把王勇峰请来到这里。他对这些技术问题最有发言权——他的脚指头在爬珠峰的时候，冻断过几根。

像王勇峰这样的就是在场的一级专家。

第二级专家就是与这个主题相关的，考虑到陈述时可能会牵涉到一些在场的专家回答不上来的问题，这些二级专家就在北京饭店的大休息厅里候场；每个上午就会有相应专题组的专家在那里候场，随时准备被起用。

除了在北京饭店的这些一、二级专家，还有更大的一批专家在家待命。这个团队前面只有 17 个人站在陈述台上陈述，这是外人都知道的；但真正参与到这个陈述的时候是数百人之多，这个庞大的专家团，自然是外人所不知道的。

有了这么多人的辛勤努力，有了这么多专家的鼎力支持，四天 17 个主题的陈述自然会相当成功。所以在 24 日晚上的欢送会上，维尔布鲁根激情澎湃地发表了一则简短的演讲，再三提到了北京奥申委的组织和准备工作。

时至今日，我时常会被维尔布鲁根先生的致辞打动。说到底，那段只有一千字左右的发言，却把中国传统精神的质朴与博爱完全表现出来了。从民族角度出发，从外国人眼中的中国出发的这个简短发言，无疑是维尔布鲁根先生对中华民族的总纲式概括：

请允许我用一位著名的法国作家近一百年前访问中国时写下的一段话，作为我的开场白。他写道：“有一天，在中国的乡村，我看到了一幅静谧的熟悉的画面：一位农夫注视着他有生以来看到的第一架飞机从天空划过，他以为是放飞的一只风筝。就在那一刹那间，我悟出了一个道理：一个具有伟大历史的民族，无论是在技术领域、科学领域或社会领域，一定会迅速而轻易地适应现代的条件和发展，即使他们对上述领域知之甚少。”

我认为，这是对中华民族特征的恰如其分的描绘：这个民族深深扎根在自己的历史和文化知识及信仰之中，同时又对未来抱有开放的思想。这是多么绝妙的融合。我想，这位作者以近乎完美的笔调，总结了我们在过去几天内的所见所闻。我们亲眼看见了你们对神奇的中国历史的深深敬意。一想起我们今天在博物馆里看到的那些奇妙的文物，竟然是两三千年前的作品，就感到不可思议。然而，就在我们访问博物馆之前，却又看到了一座独一无二的、具有现代魅力的电视中心，她象征着你们对未来的憧憬和信心。

今晚标志着我们对北京的正式访问的结束。回顾四天的工作访问，我们与北京奥申委进行了近乎旋风似的紧张会谈和实地考察。

我们和你们在一起度过了相当愉快的时光。尽管我们此行的目的是考察你们的申办工作，况且四天的访问强度大且极具挑战性，但是与你们共度的美好时光给我们留下了永久的记忆。

正如今天早些时候，我在新闻发布会上所说的，我们在北京的任务完成得很好。这完全归功于你们申办队伍所具有的高超的知识水准。在一组又一组精心准备且知识渊博的专家的支持下，你们的陈述是一流的，你们的陈述人表现了极佳的专业水平：他们对自己陈述的主题拥有丰富的知识和透彻的了解，他们也深知主办一届奥运会所要面临的困难。

我们只不过是完成了考察旅程的第一站，显然还有更加艰巨的任务在等待着我们。关于2008年奥运会主办城市的选择，评估团不作任何推荐，最后的决定权掌握在7月13日的国际奥委会手里。然而，可以肯定的是，你们已尽最大的努力，向我们提供了撰写评估报告所需要的最大量的信息。北京奥申委的申办工作是出色的。

“北京奥申委的申办工作是出色的！”

在维尔布鲁根对法国作家描写中国句子的引用中，在维尔布鲁根对奥申委工作的高度评价和概括中，2月21日到24日的评估会圆满结束了，而我这个多媒体总策划的任务也跟着画上了一个圆满的句号。

第四章

再入奥申委

1. 国际奥委会颁布技术指标

评估团离京的次日，老天一改前几天“天苍苍地茫茫”的压抑，一大早，透过卧室的窗户，我就见外面阳光明媚，北京城氤氲在一片美好的春光里。躺在床上，我忽然感到很累。冲刺了一个多月，神经一直绷得紧紧的，突然间没了压力，疲惫感就乘虚而入。

奥申委在评估完成之后，我这多媒体总策划的任务就算完成了。我把那 16 组耗费诸多心血的 PPT 精心收藏起来，准备腾出手，处理公司积累的一堆事情。

2001 年 3 月 16 日那天一早，我接到一个电话，还是侯欣逸部长打来的。他在电话里说，黄总，你在北京吧？赶快来奥申委参加一个会议。我问他，什么会？他说，你来了就知道了。现在就过来，别耽误了。说完他就挂上了电话。

我赶紧跟公司里的人打声招呼，进了电梯，走出公司所在的金隅大厦，风风火火赶了过去。到了新侨饭店B座601会议室，我一进门，发现坐着好多人，以年轻人为主，还有不少外国人面孔，一个个西装革履，场面十分正式。后来，我才弄清楚，这些人代表着不同的广告、公关公司，一眼看过去，有七八家之多。

会议很快开始了，由侯部长主持。侯部长说：“召集大家来，是为了 7 月 13 日的莫斯科申奥之战，现在已经 3 月份了，离 7 月也就一百天出点头。大家知道，7 月 13 日将在莫斯科召开的国际奥委会第 112 次全会。在这次会议上，我们既被要求做陈述又要完成最后的投票选举工作，说到底，那是决定成败的关键一战。根据刘淇同志的指示，尽管前段时间我们的工作完成得很出色，但还要要求更好，像奥运会的‘更高、更强、更快’一样。”

经过侯部长的介绍，我知道了，坐在 601 会议室里参加会议的人员都是来自国内一些专业设计制作的广告公司，而我也是这些公司中的代表之一。也就是说，我被列为候选公司代表之一，参加那次会议。来的人成员很复杂，有很多海外留学归国的年轻人。其中不乏很有来头的一些后起之秀，毕竟在设计领域，最注重的还是灵感与新奇。其中有从英国来的教育界精英；大多为北京城内知名的公关、广告公司，还有从日本留学回来的设计专业的博士。我和这帮“后起之秀”坐在一起，感到了时间带给我的那种压力。不过，我以设计者这样的身份参加这样的会议，还是很高兴的，毕竟我的广告公司在这样庄重的场合被认可——无论如何这都是值得高兴的事情。

那次会议上，侯部长着重提出了 PPT。这是首次在奥申委官方提出 PPT 这个概念，我当时坐在会议室里，心里暗自得意一番，觉得自己提出用 PPT 来完成陈述的做法很明智。

其实，后来我才知道，之所以能在那么庄重的会议上提出 PPT 是有具体原因的。在那次会议之前，奥申委已经收到了国际奥委会传真过来的关于 7 月份执委会上陈述报告所需的技术指南，在指南中，国际奥委会明确提出了采用电脑控制的方法，用 PPT 作为陈述的工具。正因为这份最新的技术指南，北京奥申委才立刻行动起来，把国内一些顶尖的策划制作公司召集在一起，共同商量如何制作 7 月份的

PPT。

会议开到中间，侯部长就让大家各抒己见，发表一下对PPT这个软件的看法，同时结合申办奥运会这个实际主题，谈谈自己的创意和见解。每个公司发言都很踊跃。有位穿着考究的年轻人甚至张口就说："做PPT，在中国，我们可以说是首屈一指了。"在那样的场合，说到底，与会人员都是竞争对手，不仅仅是坐在一个会议室里的竞争对手，在言行背后其实代表着自己在策划设计界的地位和水平，是中国领先设计界的竞争对手。有的公司代表则迫不及待地现场展示他们的代表作。现场火热的气氛一浪高过一浪。

临近吃中午饭时，侯部长向其他人介绍了一下我，把前阶段评估团来京我负责制作PPT的一些经历告诉给其他人。接着，我把自己参与2月份那次陈述时的许多感悟和经历都讲了出来。讲完这些感悟和经历，我又讲了一些我所认为的奥运理念和规则以及申奥这件事本身的游戏规则。这些对我来说，有的已经很熟悉了，甚至烂熟于胸，但对在场的其他人来说他们可能就不知道，毕竟他们长年累月只负责设计制作，对专业性很强的申奥，他们只能是一知半解，或许一点都不知晓。我最后说了一句："要做好这个关键性的PPT，我还有八个字要说，那就是'晓之以理，动之以情'。"

接着，我在会上播放一个前段时间陈述用的PPT。我从随身带着的笔记本电脑里选出一个PPT，是2月份那十七组中的第十组——黄艳做的关于奥运村主题的陈述。为什么挑这个PPT，我是有一些私心的。当时十七组PPT做得风格迥异，每组之间各不相同，一来是为了带给当时评估团新鲜感，在有限空间内尽可能多地把信息传递给他们；二来是结合每个陈述人不同特点和风格及内容而特定了PPT

的风格。黄艳负责的这组PPT特点很突出。它做得相当细腻，每一张幻灯片都是几经设计，每一个字母，每一个文字，每一张图片，每一段动画都非常考究。加上黄艳本人做的陈述也非常出色，两者结合得特别好，无论是它的节奏、它的指示，还是它的同步都几近完美。

一开始播放PPT时，会议室里还有说话的声音；几张幻灯片一放，会议室里就安静下来。屏幕上静静流淌着PPT的画面，我在放映的同时解释了一下，当时PPT为什么要这么做，这么做的优点在哪里。几分钟幻灯片就放完以后，会场鸦雀无声。侯部长让在座各位发表看法。会议现场沉默了几分钟之后，才有一个公司的代表首先发了言，他微笑中带着严肃说："侯部长，这次你和我们开了个玩笑。"这句话显得很突兀，其他人对他的这句话不解，包括我对他的这句话也很不解。那个人接着说："侯部长，说心里话，这些PPT都是精品、极品了，放在中国，甚至放在世界都可以说是领先的。我们做不到这个水平。你们都做成这样了，就不该召集我们来开这个会，没这个必要了。"他的话引发了会议室里的一片感叹声，那次会议就在这样的感叹声中结束了。中午，侯部长留大家吃饭，参加会议的很多人没吃饭就走了。有个公司的负责人开玩笑地说："这顿饭，我们不敢吃。"

大约十天之后，侯部长再次把我叫回奥申委，又开了一个会议。这次参加会议的人只有三人，他、刘曙和我。侯部长很严肃地对我说："黄总，经我们慎重研究和考虑，决定7月份的PPT还是由你来负责。"就这样，我第二次带着"我的"PPT来到了奥申委，与第一次不同的是，这一次，PPT名正言顺地成了奥申委申奥陈述的"御用"工具。

2. 护照风波

2001 年 4 月刚过，我“偶然”接到一个通知，说是 4 月 25 日到 4 月 27 日要到莫斯科开一个技术协调会。这个会议是国际奥委会主办的，为 7 月 13 日陈述做准备的技术协调会。

开这样性质的会议是国际奥委会的惯例。

国际奥委会讲究公平竞争，在陈述这件事上也力求给大家营造一个公平竞争的环境。按照以往惯例，国际奥委会要求参加 7 月份莫斯科陈述会的五个申办城市，在这几天各派一个技术代表团去会议现场考察并进行技术协调。针对一些技术细节、标准和会议现场工作人员进行协商和约定。这个会议非常重要，它直接影响到最后的申办陈述效果。对我这个负责多媒体策划、执行的人来说，这个会议更为重要：它意味着我们的 PPT 该如何做才能符合现场标准，符合国际奥委会的需要；播放 PPT 的电脑该有哪些具体的设备和配置才能适应现场需要。

说这个通知是“偶然”接到的，是因为我并没有从哪个领导那里明确得到要我去参加这个会议的通知。我当时是从新闻宣传部同事赵卫那里知道这个会议的消息。我记得很清楚，当时赵卫对我说，黄总，这个会议很重要，和你现在做的事情关系密切，我觉得可能需要你去，你要提前做好准备。从赵卫那儿，我还得到了那份会议的技术装备的图表以及待填写的执行流程表。图表上列明了将来播放 PPT 时将会用到哪些设备和技术标准等。

见了这个执行表，我最直观的感受就是，陈述现场用的设备并不像我当初设想得那么简单，比如说播放PPT的人的位置跟常规不同，在莫斯科陈述会议现场，操作人员是要放在会场之外的后台，而不是会场之内进行操作的。操作人员需要通过莫斯科技术方提供的视频监视器来看现场里的屏幕，再进行相关的操作，也就是说，到了 7 月 13 日那天，我们的一些具体的操作基本上都需要远程控制，而且对一些技术细节，它都列明了很准确的技术标准。

从赵卫那里接到这个消息，我心里开始矛盾起来。为何矛盾？因为这个会议的时间恰好与我将参加的一个重要会议发生冲突。之前，我已经报名参加在中国香港举行的第二十七届 UNICODE 会议。这个会议是全球信息及相关产业的大公司为了统一计算机内部信息交换码而召开的。它对我来说非常重要，因为我的本职工作就是做字库的。这几年，华文字库已经逐渐受到各大计算机公司的青睐，像微软公司、IBM 公司、ADOBE 公司以及苹果电脑这样的国际大公司，国内的包括国防科技大学开发的第一个中文操作系统、金山的 WPS 都采用了华文字库。我去参加这个会议是代表华文公司做一个学术报告发言，那个学术报告是我 10 多年来研究成果的总结，关于 PanCJK（中日韩）字库方面的。那次会议还让我做好准备，4 月 27 日在一个主题分会上组织发言和讨论。为了这个会议，我支付了 2800 美元的注册费，预订了飞中国香港的往返机票，花费不菲。当时，那个会议对我的公司未来发展至关重要，我在那次会议上准备宣读的论文是如何把中日韩三国的汉字统一起来，它已经不仅仅是公司的事情，而是整个汉字码交换统一的事情了。莫斯科的技术协调会和UNICODE会议对我来说，都是机会，而且都是一个不能重生的机会，我陷入两难的境地。

对我来说，两者都很重要。一个涉及7月份的陈述和申奥，一个涉及我的公司未来发展，两边都有着极重的分量。鱼和熊掌不可兼得，必须想清楚什么更重要。我在办公室里坐了半个多小时做出了决定：放弃香港之行，改去莫斯科！做出这个决定后，我赶紧给美国的同事蓝效农打了电话，让他立刻去订飞香港的机票，代我参加会议。

我退掉去香港的机票，当然是考虑到我能去莫斯科。我给同事打完电话后，就等着领导来通知我去莫斯科通知会议，左等右等也没见有人明确来告诉我去莫斯科。本来我以为这件事很好处理，没想到瞬间就变得棘手起来。一方面，我在香港大会分会上准备宣读的论文已经准备好了，那篇论文我付出了诸多心血，熬了好几个月才按时完成。香港那边已经把邀请信和会议的行程安排都传真给我了。可这边，我又实在放心不下，毕竟，这是一个技术协调的会议，如果我不去莫斯科，对我以后工作的影响实在太大，大到我不敢想象：如果我不去，恐怕会发生一些连我自己都想不到后果有多严重的错误，毕竟眼见为实。

后来我主动找上面表明了我的想法。我的态度很明确，莫斯科之行应该我去。因为涉及那么多的技术规范和标准，如果真准备让我负责起技术这一块的话，那么我就必须要知道，只有去了现场，我才能做到有把握，做到胸有成竹。因为这涉及将来设备怎么调试、怎么用、效果如何才能表现出来等等。当时，PPT的色调老出现偏色的问题，仅这一条就让我十分放心不下。

时间转眼就到了21日。21日离25日只有四天，奥申委给赴莫斯科会议的同事定好了机票——没有我，事情到了板上钉钉的地步，见没什么动静，我就彻底放弃了莫斯科之行，我重新订了去香港的机票。就在这一天，赵卫突然打电话找我见面，见我第一句话就是："老黄，快点准备，25日去莫斯科开会。"我当时就懵了，完全懵了。紧接着，我接到时任奥申委秘书长王伟的通知说："老黄，你现在立刻去办理相关手续，一刻也不要耽搁了。"

后来得知，在此之前的执委会上，赵卫提出："此次去莫斯科做技术考察，其他人谁去谁不去我不管，但是有两个人必须要去，这两个人一个是黄克俭，一个是周旭辉（当时他是北京电视台的总工办主任）。为什么要让他们俩去，黄克俭是管PPT的，周旭辉管宣传片播放的，这两块工作，我不说你们也知道它的重要性。另外黄克俭从一开始就负责PPT这块，所有多媒体的演练和技术协调都是由他牵头做的，他是多媒体的总策划，他不去，出了问题怎么办？他不去，很多东西不了解，又怎么办？"赵卫一番话引起了参加执委会领导们的重视。简单商量一下，执委会当即做出决定：立刻通知黄克俭，让他加入去莫斯科的团队，去参加技术协调会。我就这么戏剧性地被安排到赴俄罗斯参加技术协调会的队伍当中。

确定去了俄罗斯之后，机票暂且不说，我面临着签证的大问题。去莫斯科开会，我的同事用的都是公务护照，随时都可以走，我当时没有公务护照，王伟秘书长对我说，你赶紧去奥申委的行政办公室，让他们协调一下，给你办个公务护照。

我随即去了奥申委的行政办公室，把事情简单说了一下。他们就赶紧找花名册，找我的名字。找来找去，也没找到我的名字，工作人员又忙着打电话咨询了半天，然后满脸凝重地对我说："黄总，对不起，现在这个事情有些麻烦，您的公务护照我们办不了。"

我说："公务护照不行，办旅行签证也行。"

工作人员面露难色："我们这只负责办理公派事务，我们不是旅行社，办不了旅行签证。"当时去俄罗斯，公务护照是免签的，可我的护照是因私，只能做旅行签证。

王伟秘书长知道这件事后，赶紧对我说："现在首要问题是拿到签证，公派还是旅游不重要，首先是要保证能够如期出发。"他让我赶紧想办法解决这件事情。后来，我想了想，最后给我一个在北京外事办工作的朋友打了个电话，请求他帮忙。他给我推荐了一家旅游公司。这家旅游公司以前也专门负责赴俄罗斯办理签证的一些事宜。很快，那家公司就给我快递过来一些手续和材料，打电话告诉我，让我拿着这些材料自己去俄罗斯驻华大使馆办理签证。我就拿着那些材料去了。

结果，又出事了。

去使馆办签证的人很多，我一大早就去了，排了将近一个上午。轮到我了，我把自己手上那些材料递进去。没两分钟，我的护照就被里面的工作人员给扔了出来，说我的材料不全，俄方邀请信和当地旅行团及宾馆入住材料不全，不能办理签证。我问了一下，那要怎么办才行？工作人员说，我的签证审批材料要拿到莫斯科盖章之后，才能办理。拿到莫斯科盖章再拿回来！怕那时去俄罗斯参加会议的同事们都已经回来了。

我赶紧给那个朋友打了电话，又给那家公司打了电话，请求他们的帮助。我说时间太紧，而且这次去莫斯科非去不可，所以请务必帮忙。那家公司的负责人亲自出面帮我解决材料不全的问题。后来，那家公司为了我的签证破了一个例，火速把我的申请材料及相关表格送到机场一位当天去莫斯科的导游那里，然后在莫斯科办好相关手续，再托另外一个回国的导游从俄罗斯再把我的材料带回来。

23日下午，我把从莫斯科捎回来的材料送到使馆，当天下午他们不办公，得到了次日上午才能知道结果。23日晚上，我一夜未眠，老想次日如果没有办妥护照该怎么办？

24日那天，同事们坐专车从奥申委直奔机场，给我打了个电话，“黄总，我们先去机场了，在那里和你会合，我们相信你，能顺利拿下签证。”我说，“没问题，等着我吧。”

值得庆幸的是，签证最后顺利办了下来。工作人员从护栏里面递过我的护照和签证后，说了声：“OK!”我赶紧说了声谢谢，然后一把抓过我的护照，往使馆外奔去。四十分钟后，我顺利地在机场和其他三名同事们在约定地点会合。一个多小时之后，我和同事们已经登上了飞往莫斯科的CA909航班。

3. 一赴莫斯科

下了飞机，俄罗斯奥委会派来的人很快和我们联系上了。在莫斯科机场，我们受到贵宾的礼遇。我们一行人和接机的莫斯科人相互拥抱，简单问候之后，带着行李，从海关的VIP通道迅速离开机场。莫斯科机场工作人员好奇地打量着我们这群充满笑声的特殊中国客人。

4月26日上午，我们几个人按照日程表上的时间去参加国际奥委会组织的一个会议。到了现场，我们才知道，原来5个需要在7月份作申奥陈述的城市都派了代表来。我们中国去了4个人，加拿大是2个，土耳其和法国也各派了4到5名代表，最为抢眼的是日本大阪，一共去了7个人。让我们诧异和感叹的不仅仅是大阪派了这么多代表去，而是这7个代表日本大阪的与会者，几乎都是欧美人。当时看到几个黄头发的外国人我们还以为是巴黎代表团的人，等他们开口介绍自己是日本大阪代表团的人时，所有的人大跌眼镜。可见日本大阪为了申办奥运会，是花了大价钱的，费了苦心的，对这样的技术协调会十分重视，由此可以想象，7月的竞争要激烈到何种程度。

26日上午现场集体会议的情形，让我们四人顿时感到巨大的压力。当时我们只有一个念头，就是这些与会的代表了解到的东西我们一定要了解到，除此之外，我们还要掌握那些他们没有注意到的细节，甚至还要弄清那些连组织7月份会议的人都不清楚和不关心的一些细节。

上午的会议表面开得不温不火，暗地里，5个代表团却丝毫不敢松懈。首先，会议组织者介绍了7月13日那天整个申奥陈述现场的条件、设备以及当天的全部流程。之后，组织者带着我们去会场参观。到了会场后，每个代表团都拿出长枪短炮一堆照相设备，那架势，恨不得把整个会场都搬回自己的国家去。在陈述大厅我们遇到了一个意想不到的麻烦。

当时，为了把最后的多媒体视频、音频等调整到最适合陈述大厅的比例，我们必须要弄清这个大厅到底有多大。可一走进大厅，我们就呆了。当时，在那个陈述大厅里，正在举办莫斯科的通讯展，各种海报和宣传画以及模板把整个大厅的格局完全改变了。整个大厅的通道几乎全部被占住了，现场看去，五颜六色，好像进了一个大商场。怎么办？不能空手而归啊。我很快想了一个办法，站在离墙一定的距离和角度，举起相机对准天花板上的四个角，各照了一张相片。回到宾馆后，通过这张相片的角度和地上的那段距离，我最终准确测算出了大厅的具体高度和宽度，如此算是了了一件心事。

从大厅里走出来，我们一行人跟着国际奥委会的会议组织者来到二楼的一个电影厅。为何要来电影厅？7 月 13 日那天，所有城市的陈述团在陈述完之后需要退出陈述大厅，然后来到旁边的电影厅里坐下，看其他城市的陈述转播，然后在那里等待最终结果，说白了，电影厅就是休息和等待的地方。负责带领我们参观的那个会议组织者带着一长队形形色色的人，左拐右绕，好半天，才到那间电影厅。

电影厅的地形很复杂，从陈述大厅出来，要穿过后面一条很窄的甬道，才能来到这里。而当天我们国家的领导人是不来该厅观看转播的，那从陈述大厅出来，直接回我们驻俄罗斯的大使馆收看陈述，走哪条路线才是最短的路线？选择哪条线路才是最安全的路线呢？对方没有“额外”提供给我们这种服务，所有的线路需要我们自己来制定。

趁组织者介绍电影厅里具体情况时，我溜出来，找到宾馆的工作人员，和他交涉，最终“讨要”来一张饭店的平面图，那是一张整个楼层的平面图，我如获至宝，又生怕这份“机密地图”泄露出去，赶紧把它收藏起来。

开完会当天晚上，我们四人认真地研究了这份地图，7 月 13 日那天我们该如何走，该怎么走，该如何才能保证领导人的安全，我们在 26 日当天晚上就已经有了计划。

等所有参观结束后，我们一行人再次被组织者带回开会的地方，一起讨论看看还有什么问题。国际奥委会一向讲求公平公开，所以主持人就说，如果你们觉得还有什么问题，就在会议现场提出来？同时，为了考虑到你们自身保密的原因，我们还留给你们每个代表团单独的 10 分钟提问时间。

共同提问时间里，大家基本上都没提什么特别的问题。有的提出数字问题，有的提出视频需要采用什么格式，都是一些极其普通和简单的问题。我当时问了一个电脑接口的标准问题。主持人回答我说，就是标准 VGA 接口，1024×768 的分辨度，色彩是 24 位。提了上面几个普通的问题后，大家都坐在那里沉默起来。

难道大家都没有问题？

当然不会，在会议现场，每个代表团表面上对 7 月 13 日那天所有的事情都了如指掌，其实暗地里都在绞尽脑汁地想细节，都在为那独立的十分钟提问在做准备，在这个节骨眼上，谁也不想把自己的“发现”无偿地提供给竞争对手。包括我刚刚费尽力气才弄到手的那张“秘密图纸”。

开完这个现场会议以后，是每个代表团的独立 10 分钟提问时间。按照 7 月 13 日陈述现场的排序，我们是排在第 4 位，第 1 是大阪，第 2 是多伦多，第 3 是巴黎，第 5 是伊斯坦布尔。我们坐在一间颇为温馨的咖啡馆里等着被叫去单独提问。四人之中的某位一时兴起，说我们这架势，好像是在等着过堂啊，一时，大家都笑出声来。

轮到我们了，我们进到会议室里，还没来得及坐下，一个“看门”俄罗斯的国际奥委会委员就开口问我：“你们是日本代表团吧？”我们说：“您错了，我们是中国人。”没想到他立刻笑起来说：“我知道你们是中国人，和你们开玩笑呢。”确实是个玩笑，后来我们坐下来才去想这个委员的这句话，因为大阪第一个就来到了这个会场里，总不会出现两个日本代表团吧？十分钟我们和几个奥委会的委员谈得很投机。走出会议室的时候，刚才和我们开玩笑的那个委员说：“依我看，这次陈述完全可以取消，肯定是北京，都不用陈述了，没必要了。”他的这句话立刻博得我们四人对他的好感，他又颇为风趣地说了一句：“这次，我可不是开玩笑。”

到后来，我们7月份再次去俄罗斯参加申奥陈述，直到最后胜利而归，我们都受到了俄罗斯奥委会的友好接待，时至今日，我还能想起那个委员对我们说“这次肯定是北京”时那种自信和祝福，中国有句古话叫“他乡遇故知”，这无论如何也算得上一种故知吧。

在那10分钟时间里，我只问了一个问题。因为在整个PPT的设计过程中，我们突出火炬接力中珠穆朗玛峰这个亮点，并采用了一个三层的Flash的动画效果，分量相当重。虽然我们在电脑里做了备份，但考虑到最终执行起来，只能是一个文件，一台电脑，就多少有些担心。尤其是电脑接口的问题，如果稍有不慎，接口出现问题，再去协调，那后果真是不敢想象。我向国际奥委会提出，在7月13日陈述现场，可不可以提供给我们两个VGA的电脑接口，这样的话，我们就可以连上两台电脑，如果一台电脑或者一个接口出了问题，我们只需按一个切换键就能及时避免可能会出现的严重后果。他们笑着说，行，这是个小要求，可以满足。

在莫斯科的那两天，除了白天参加会议外，晚上和中午的闲暇时间里，我们四人像私家侦探一样，拿着照相机、笔记本，四处出击，恨不得把整个陈述大厅、电影厅、宾馆都给照下来，记下来。

4月25日那天上午我们去了中国驻俄罗斯大使馆，下午我们四人就驱车来到7月份我们将要下榻的金环饭店，找来服务员，打开一间客房，我们四人进去把房间“翻”了个底朝天。一进门我们就开始研究宾馆里的线路构造和一些具体设施的标准。现在回想起来，确实有些好笑，当时为了查明他们电源插座的结构和网络终端接口的具体型号，我和周旭辉爬上爬下，查了好多遍。甚至于连交流电源的接口我们都特别做了注明，因为他们提供的电源接口和国内的完全不一样。两天下来，宾馆的房间被我们两人折腾得完全散了架，那架势，真有点要把人家房间都给拆了。

4月26日下午会议结束，我们四人已经收获颇丰。俄罗斯奥委会在会议结束前通知我们，晚上给我们安排了观看演出。后来听了他们介绍，我们才得知，这场演出地点是莫斯科大剧院，演出剧目是芭蕾舞《天鹅湖》。

国内知道芭蕾舞和歌剧的人对这个地方以及这个经典芭蕾舞剧都不会陌生，在俄罗斯，芭蕾舞有着非常优秀的历史传统。而莫斯科又是俄罗斯的政治文化中心，市内颇具规模的剧场就有28座，其中最为宏伟壮观的当属莫斯科大剧院。

莫斯科大剧院是俄罗斯首都莫斯科历史最悠久的剧院。在苏联时期它的正式名称为“苏联国立荣获列宁勋章的示范大剧院”。该剧院拥有世界一流的歌剧团、芭蕾舞团、管弦乐团和合唱团，是最具代表性的俄国大剧院。

而对于我这样一个青少年时期就成为“业余”的芭蕾舞演员，在读研究生期间还跳过双人舞《送别》、三人舞《海岛泉边》文艺青年就更有点难舍。

简单商量了一下，我们决定立刻离开莫斯科，踏上回国的班机。一来，如果我们当天不走，得等到四天以后才能有合适的班机回国；二来，当时我们的心境也无法让我们安然坐在舞台下去轻轻松松观看一场演出，我们必须把这边的情况向奥申委详细汇报，不能耽误，一刻都不能耽误。散会后，我们匆匆吃了点饭，驱车赶往莫斯科机场。

夜色将至，四下飘散着异乡的暮色气息。在其他 4 个代表团坐在莫斯科国家大剧院里欣赏《天鹅湖》的时候，我们四人已经登上了返程的飞机，迫不及待地返回了北京。

第五章
在路上

1. 第一份喜报

从莫斯科回来之后，我和奥申委的同事们开始没日没夜地投入申奥的备战当中。除了汇报技术协调会上的一些细节外，我主要还是在三番五次地修改PPT。与此同时，最后的陈述演练也开始了，参加排练成了家常便饭。整日忙得昏天暗地，以至那段时间我的睡眠平均每天只有四个多小时——晚上回到家里还在不停地整理资料、准备第二天的排练，直到眼皮发硬才恋恋不舍洗洗睡去。毕竟离7月13日申奥的日子只剩下两个月左右的时间，模拟排练已经刻不容缓，每个细节都可能会影响到将来的命运，我们要做好最全面的准备。

在2000年5月29日，北京市民曾自发在王府井工美大厦立起第一块申奥倒计时牌。转眼间，一年快过去了，眼瞅着莫斯科“决战”日期越来越近，北京夏天的空气中也似乎弥漫着一丝紧张的气息。正在这样紧张的氛围中，我们及时收到了国际奥委会馈赠给我们的一份“大礼”，缓解了我们过于紧张的申奥氛围：国际奥委会通过他们的官方网站，正式发布了对5个候选城市的评估报告。

在那份报告中，评估团高度肯定了北京为申奥所做出的努力，并用这样一句话来描述北京举办奥运会的历史意义：“评估委员会相信北京奥运会将给中国、给体育运动留下独特的遗产。评估委员会相信，北京能够组织一届出色的奥运会。”

这一份喜报无疑给北京注入了强心针，大家握手祝贺之余，对

2001 年 5 月 15 日，国际奥委会在申办候选城市评估报告中写道：“评委会一致认为，如果北京赢得 2008 年奥运会举办权，从场馆到基础设施的改进，能给中国的体育、举办城市和市民带来丰厚的遗产。通过举办奥运会，让中国人亲自感受奥运会，中国可以在其不发达的运动项目方面受益。”

北京申奥成功充满了信心。评估结论全文如下：

“正如我们在评估报告的总介绍中所言，评估委员会受邀对国际奥委会执行委员会选举产生的 5 个 2008 年奥运会申办候选城市进行技术性的评估。在此前提下，评估委员会在总的‘风险评估’框架所包含的 18 个主题的基础上对每个申办城市进行了评估，致力于找出任何可能在奥运会举办前和举办时可能出现的风险。评估委员会没有对这 5 个申办城市进行排名，其原因不言自明。评估委员会认为，总的来说，在新的申办程序之下各申办城市的申办质量很高。”

虽然国际奥委会在文件中说，没有对 5 个申办城市进行排名，但对其全文分析之后，结果很明显，评估团还是有一个潜在的排名的，而在这个潜在的排名里，对北京的评价相对其他几个候选城市，则要高得多。比如，在对北京评估的那一段，他们写道：“评估团相信北京能够举办一次成功的奥运会。”

在五个申办城市中，评估团对大阪和伊斯坦布尔的评价相对较低，甚至给出了如果在这两个城市举办奥运会可能会出现风险这样的评论。比如在对大阪的评价中，评估团就用了“没有信心”这样的字眼：

大阪的申办由市政府组织和推动，其优良的体育场馆设施和已经被证实的举办大型运动会的能力为该市举办奥运会打下了良好的基础。可能会产生的交通堵塞是一个值得注意的问题。此外该市的比赛场馆过于分散，使得他们的经济状况和实现申办计划的能力令人担忧。评估委员会对这一问题能否得到令人满意的解决没有信心。

和大阪的命运差不多的是伊斯坦布尔，评估团同样给予了“没有信心”这样的评价：

此次申办由土耳其奥委会组织，在土耳其独一无二的“奥林匹克法案”的基础上进行。该法案为土耳其特别是伊斯坦布尔的体育运动发展及体育场馆的建设提供经济支持。评估委员会认为，该城市申办经费的整体状况和计划存在不稳定的因素，在所有必需的交通设施的完成时间和经费方面也有一定的困难，而这些对于举办一次成功的奥运会非常关键。该城市目前的经济状况对于改变这种局面也无能为力。虽然现在伊斯坦布尔已经有一些新的主要体育场馆，但评估委员会对于伊斯坦布尔奥申委是否完成了筹备一届奥运会所必需的复杂计划没有信心。

同这两个评价级别相对较差的申办城市相比，北京、多伦多和巴黎的评价则要相对好得多，都给出了“能够成功举办奥运会”这样的评价，很显然，国际奥委会对这个评审结果非常慎重，措辞很严谨，生怕让别人从中误认出一些端倪。对巴黎的评价是这样的：

巴黎的申办由巴黎市和法国奥委会共同组织，并且得到了法国政府强有力的支持。巴黎是世界最著名的大都会之一，在这个城市的市中心使用那些已有的体育场馆对于奥林匹克运动有着很强的吸引力。新设施的建设计划和对一些现有设施的改建计划也使巴黎的申办计划更具说服力。把“在一个城市内举行的奥运会”作为申办口号的巴黎有一个综合的市内奥运村。评估委员会很清楚在巴黎奥申委的奥运村计划中还有些小的问题要解决，但是评估委员会相信巴黎能够解决这些问题并举办一次成功的奥运会。

在对多伦多的评价相对简单，只是略微提及了私人团体对申奥的支持：

多伦多市的申办由加拿大奥委会和各级政府参与组织，政府给予了有力支持。也有不少私人团体参与了多伦多的申办工作。邻近多伦多市中心的紧凑而集中的比赛场馆和良好的交通设施使该市的申办非常有吸引力，他们面临的挑战是私人团体和政府的合作是否能把这些靠近水边、湖边的体育场馆和奥运村建设好。不过，评估委员会相信多伦多能够实现这一点，从而举办一次成功的奥运会。

在对北京的评价中，国际奥委会的评估团可谓是用心良苦，特意提及了如果奥运会在北京举办，那将会给中国乃至世界体育留下独一无二的遗产，仅这一句话就把北京申办奥运会推到了一个新的高度——如果真能成功，那将会是奥林匹克历史上的一次壮举：

北京的申办由政府组织，并且得到中国奥委会的大力协助。中国人良好的体育观念和政府的完全支持使他们的申办质量很高。评估委员会注意到了中国和北京发展、变化的步伐，以及2008年以前这段时间中国人口和经济增长对奥运会的举办可能会产生的问题，但评估委员会相信这些问题能够得到解决。北京的环境有一些问题，但是政府的有力支持和大力投入应该能解决这个问题，从而使北京的环境得到进一步的改善。评估委员会相信，在北京举行的奥运会将给中国和世界体育留下独一无二的宝贵遗产。评估委员会也相信，北京能够举办一次成功的奥运会。

评估委员会最后的结论是把北京、多伦多和巴黎3个城市的申办工作评定为出色："这3个城市的筹备工作只有一些小的方面需要改进，而这些小的问题只要经过高效的组织工作，是可以在2008年之前得到解决的。"评估委员会认为"在巴黎、多伦多和北京这3个城市举办2008年奥运会将不会遇到大的风险。评估委员会一致认为，这3个城市都能在2008年成功举办奥运会。"

因为这份对北京给予了相对较好的评估报告，使得中国民众的信心空前提升。2001年5月以后，你随意走在北京的大街小巷，都能感觉到浓厚的申奥气氛。不仅北京，整个中国都已经开始为这一天做准备了，不仅仅在国内，全世界的华人也都在热心地为申奥助威。2001 年 5 月 5 日，全球华人支持北京申奥联合委员会在德国宣布，以“全球华人心连心，齐心协力申奥运”为主题的支持北京申奥系列活动正式全面启动。可以说从 5 月份国际奥委会发布评估报告到 2001 年 7 月 13 日，才是北京申奥冲刺的白热化阶段。

2．闪亮登场

4 月底到莫斯科参加技术委员会的时候，我特意留心了一个细节问题，那就是从会议现场的后门走进去之后，一直走到前面的陈述台坐下总共需要多长时间。我用步子量了量，准确地说，应该是 50 秒左右。当时用步子测量这段距离，并没有特别的用意。那时只想着要把一切细节都带回去。可能的话，恨不得把整个莫斯科的世贸中心大厅都搬回北京去。谁能想到，我这随意一走，后来还真的就派上了大用场。

从 5 月底开始，最终的综合排练就开始了。由于大家非常投入，排练效果非常好，在排练的过程中，我看了一下 7 月 13 日那天国际奥委会执委会的日程表，忽然意识到有个问题很严重——北京排在第 4 个出场，当天上午大阪、巴黎和多伦多陈述，北京是下午陈述。这里面会有什么问题呢？按照习惯来说，国际奥委会的委员来自世界各地，上午开了一上午的会，累得不行，短暂中午休息后，重回会场，

“久违”的国际奥委会委员们肯定会互相寒暄。主持会议的萨马兰奇先生又是个非常随和的老人，他对会场秩序的理解一定会是融洽最好。这样就给我们陈述团的出场带来巨大的压力：在乱哄哄的现场，由我们的李岚清副总理带队走上讲台，这会对我们的国家形象与陈述团员的情绪造成一定的影响。

于是，我就提议要利用好北京陈述团走上陈述台的这一段时间，要想想办法，让国际奥委会的委员们在北京陈述团走上陈述台的时候，安下心来，等待我们陈述开始。那怎么利用这走进会场走到讲台的这段时间呢？

我当时在世贸大厅测算的距离就派上了用场。后来，在我们搭建的实景舞台上，我们再次去丈量了一下，准确地说，大概需要48秒。也就是说，从陈述厅开门走到陈述台上，我们需要48秒。我们要利用这48秒的时间，打个时间差，提前让奥申委的委员们进入角色，让他们严肃认真地对待我们的陈述人员，对待申办城市北京。

最后讨论了几轮，大家一致认为最好用播放短视频的方式把国际奥委会委员们的注意力给吸引过来。确定了视频方案，剩下的就是去设计视频的具体内容了。当天晚上，我一直在想如何设计这48秒的视频，由于头脑一直处于一个高速运转的状态，躺到床上之后，许久我都没能睡着。翻来覆去间，我忽然想起张艺谋拍的那个奥运会宣传片中，著名影星成龙正穿着一套白色的衣裳，一招一式十分优雅地打着太极拳。成龙平常在屏幕上显示的都是硬桥硬马的功夫，这一次他一改常态，走以柔克刚的路数。想着影片里他打太极拳的招式，我又想起我们申奥的会徽图案用的不正是一个打太极拳的人么？慢慢地，成龙打太极拳的白色衣裳在我脑中，渐渐变幻成白色的申奥会徽，白色的申奥会徽再慢慢变幻成彩色的申奥会徽……好，视频的内容有了！

一夜没睡好，第二天上午，我早早来到奥申委的会议室，迫不及待地向大家提出了一个“闪亮登场”的概念。什么是“闪亮登场”？说白了就是开头那 48 秒一上来就夺人耳目，马上抓住国际奥委会委员们的注意力，让他们想分神都不成，这就是“闪亮登场”。

大家听我这么一说，简单地研究了一下，决定这方法可行，可以试试。我当即找来一些打太极拳的资料，再加上申奥会徽图标的一些画面，找技术人员处理一下，最后成功制作出一段 48 秒左右的视频。当天下午我就把视频做完了，视频做得很漂亮，剪切推进得也很自然，在电脑上播放的时候，效果也不错。可是当我把它用投影仪放到大屏幕上时，忽然觉得缺少点什么，想来想去，也想不出来，只是对这段视频感到有些失望。

果然，有人看完这段视频，就提出问题：“黄总，这东西会不会太柔和了？”赵卫说：“黄总说的这个‘闪亮登场’的概念，我个人非常赞同。咱们既然说是‘闪亮登场’，就要一下子就抓住委员们的心，可这段视频的总体节奏有些慢，在吸引观众注意力方面我怕有些不足，达不到闪亮登场的效果。”

视频因为风格问题，一时让大家有些失望。接着有人提出能不能用幻灯片的方式来播放中国的风景片。用“风光幻灯片”制造“闪亮登场”的效果，一开始我也这样想过。而且在 2 月份的那次陈述会上，我已经利用那组北京风光 PPT，尝试了用风光片来宣传中国。可我们转念一想，如果真的采用风光片可能会和后来正式的陈述报告中要播放申奥宣传片上的视频产生重复。因为当时申奥的宣传片已经确定下来了，有了“新北京、新奥运”这样以风光为主的宣传片，我们在这前期的48秒内也采用风光片，是不是会显得有些多余？为了保护后面那更为重要的宣传片，我决定不用风光片来开场。

这样，大家又一次陷入沉思当中：究竟该设计什么样风格的影像来闪亮登场呢？这让人揪心的48秒！正当大家在不停思考与搜索资料的时候，我身边的赵卫用手肘捅了捅我，问道：“黄总，你还记不记得我们前段时间看的那个动画片？”“哪个？”我问他。“就是洛杉矶的陈三伟设计的那个动画，以奥林匹克的五环开始，演变成各种运动的组合，最后再变成和平鸽那个啊！”

我恍然大悟，顿时有种拨云见日的畅快感。那是一组动画流畅而新奇的画面，那是很好的一组动画，很真切地传达了中国人对奥林匹克运动的理解，而且还充满了浪漫气息，同时，它不会和我们后期的宣传片“撞车”，不会影响我们的陈述。这个动画的作者——陈三伟是住在洛杉矶的一个华人，是在好莱坞的时代华纳公司做动画的。我以前见过他一面。在我第一次来到新侨饭店时，就在侯部长奥申委的办公室里，我见到陈三伟在展示他的一些卡通画。“众里寻他千百度，蓦然回首，原来却在灯火阑珊处”，就这样，充满戏剧性的，那48秒闪亮登场的内容最终有了着落。

3．中国速度

想到陈三伟和他的那组申奥动画可堪“闪亮登场”的分量，我们一刻都没耽搁，当天晚上就和身在美国的陈三伟取得了联系。我们把这边的具体情况以及对他的那段动画片感兴趣的想法告诉了他。陈三伟在电话那边当即表示，没问题，支持中国申奥，支持北京申奥，炎黄子孙，匹夫有责！

那陈三伟的动画究竟是什么内容，能够吸引我们这帮饱受 48 秒视频折磨的人呢？

那个动画短片实际上分为两个部分：画面从一个奥林匹克五环开始，画面不断演变，奥林匹克五环变成北京奥申委会徽的五色笔画，并由它们再变化成为各种体育运动的组合，最后集合在一起，形成一只和平鸽，然后变成五朵颜色不同的祥云，接着，五朵祥云又变幻到现在我们北京申奥的会徽。整个画面感紧凑流畅，背景的小号声和凯旋音乐也铿锵有力。事实上，我个人一开始就对这段动画非常满意。我觉得三伟在其中用了许多心思，里面体现出了许多中国特色的东西。不但精确表达了中国人对奥林匹克的理解，也把奥林匹克诸多精神和理念阐释出来了。

后来，眼看就要出发到莫斯科去了，奥申委开了一次执委会，又商量到这 48 秒该怎么办，我大胆地把这个动画短片给推了出去，赵卫拿出带子，在执委会现场把这个动画片放了一遍。结果，出乎我们意料的是，它大受欢迎，奥申委的领导都说这个动画片好。何振梁先生看了之后，还提了意见，他说，这个短片里黑色元素比较少，能不能多加一些呢？要知道黑色代表的是非洲，很多非洲国家的奥委会委员可是咱们的铁杆儿啊。袁伟民也提出了一个很好的意见，他说这个动画片里只有十几种运动，可奥运会共有 28 项运动，能不能丰富一下，由这个五环演变成的运动凑齐 28 项呢？

既然大家都认同这个动画片，而且提出了一些很好的改进方案，我们立刻就和陈三伟取得了联系。

陈三伟的表现让我们十分感动，在打通电话的第二天，他就把28种运动的动画方案给传了过来，毫无疑问他是连夜赶制出来的。我们打电话给三伟邀请他来北京奥申委一趟。陈三伟说没问题。挂上电话，很快又接到陈三伟打来的电话，他说没机票了，所有飞北京的机票都卖完了。

一波刚平，一波又起。

我马上打电话到中国国际航空公司，把这件事说了一下，说是为了北京申奥。国航一点都不含糊，说没问题，经济舱没有了，公务舱还有，让他明天直接到国航驻洛杉矶办事处拿机票就行了。

千万里的路，为了申奥，就这样被缩短了。有时，我回想起这件事，就颇为感动，为了申奥，可谓天下畅通无阻，所有的中国人在这一刻，都站到了一起，都为了一个目标，共同努力。

听说我们这么快就把机票问题解决了。陈三伟在电话那边笑着说，“你们比美国人的办事效率还要高。真是中国速度啊！”是啊，中国速度！我站在新侨饭店六楼的落地窗边，抬眼望出去，看见崇文门的五角街上车辆如梭，马路两边的灯火把光明长长延伸，直刺进无穷无尽的黑暗之中……

一天后，我在北京奥申委见到了风尘仆仆的陈三伟，他比我上次见到他的时候瘦了一些，可能是坐了十几个小时飞机，没有休息好的原因，他的眼圈有些发黑，见我快步进来，立刻站起来，朝我伸过手来，呵呵地笑着说：“克俭，谢谢你还记得我的设计，让我也有机会为北京申奥贡献一点微薄之力！”我赶紧说：“我们可是盼星星盼月亮的，终于把你给盼回来了！”

陈三伟回来后，那段动画先后改了许多次。动画最后做得很精彩，但时长超了，足足有1分45秒，而我们只需要48秒，所以在删去一些画面的时候，我们真是很不舍得。而在配合这段视频的背景音乐上，我们也是先后几易其稿。

7月13日，那变化莫测、像精灵一样跳跃的五环和运动小人，准时出现在了莫斯科陈述大厅的大屏幕上，它以新颖的样式和别样的设计理念及浓重的中国味立刻吸引了在场的委员们。就在这跳跃的动画中，李岚清副总理带着我们的陈述团沉稳地走入了安静的会场。

4. 全景现场

4月底从莫斯科回来，我向领导做汇报的时候，就提出了一个建议：能不能按照莫斯科陈述大厅的比例在北京搭建一个“1∶1”的全景现场。

刚开始，这个建议并没有引起领导们的重视。不过从我个人角度来看，我觉得这个全景现场非常重要，因为我们一旦到了莫斯科，国际奥委会留给我们排练的时间非常有限，能够现场走场的机会也少之又少，为了让我们对现场有熟悉感，这个实景现场搭建十分必要。

眼看到了7月，我不停地向领导提出要搭建这样一个实景现场，前后共有五六次，后来，考虑到实际需要，这个意见最终被采纳了。

那在哪里搭建这个实景舞台呢？

当时我的第一意识就是去国贸借场地，在那里搭建一个全景现场，因为不仅仅是莫斯科那边的陈述大厅坐落在莫斯科的国贸中心，而且莫斯科那边的陈述大厅结构布局与北京的国贸展厅一号厅非常相似。可是，等我们去了国贸，就不得不打消这个念头，因当时国贸有展出，而且那里保密工作也不好做，要知道去莫斯科之前，我们的陈述排练都是高度保密的。后来，找来找去，就找到了位于亚运村的北京国际会议中心。

北京国际会议中心同样存在着问题，它的中心不是平地，有一个底下的观众席是凹下去的，但是它的长度和宽度却非常符合莫斯科那边的现场，所以最终确定了在北京国际会议中心里搭建这个全景现场。

说出来，可能很多人都不信，我们对这个全景舞台的搭建可谓是费尽心思，细致到连台下的座位都是按照莫斯科现场那边搭建的。很快，我们就遇到了一个大问题。在此之前找到的那些投影屏幕都不能达到要求，莫斯科那边的屏幕很豪华，4 米 ×6 米的标准，我们找遍北京城只找到一块。同时，北京的大型投影仪也十分紧缺，而我们需要的都是 7000 流明标准的大型投影仪。四处寻找不到，怎么办？最核心的部件缺少了，这个全景舞台就无法投入使用。

于是我们四处想办法，四处联系，动用北京奥申委的关系，动用自己的私人关系，最后还真让我们找到了。通过一家公关公司，我们得知在香港有这样的屏幕和投影仪，马上联系香港那边，又找到了航空公司，就这样，在最短的时间里，两块屏幕和一台投影仪直接从香港空运到了北京。

6 月 30 日，这个 1 ：1 的实景现场搭建完毕，一个由三块 4 米 × 6 米的大屏幕组成的实景现场浮出水面。

7 月 3 日，在这个实景现场上，我们的陈述人员就开始进入莫斯科时间，进行最后一轮模拟真实场景的排练。

第六章 远征莫斯科

1. 二赴莫斯科

在去莫斯科之前，我的工作日程已经被奥申委排好了。在7月7日临出发那天，我收到了奥申委给我发的一张日程表。这张日程表上最后一项工作是到莫斯科时间7月13日下午2点半结束。

7月7日拿到那张日程表时，我心中感慨万千。在奥申委工作的这七个多月的时间里，这样的日程表我收到了差不多有上百张，各种代表证和工作证也快塞了一抽屉，经历了七个多月的奋斗，经历了无数个不眠的夜晚，经历了各种大大小小的难关，现在，我终于拿到了北京申奥的最后一张日程表。

其实，在7月7日那天，我踏上前往莫斯科的专机时，心中满是忐忑不安，并不像我之前以为的豪气万丈，或是激动异常。进入7月以后，在PPT这个环节上，发生了两件事情，让我本来紧张的心又多了许多担忧。

第一件事是翻译的问题。

就在去莫斯科前奥申委的最后一次执委会上，有人提出，能不能在PPT中加入法语，因为按照国际奥委会的规定，陈述当天，可以在两种官方语言中选择一种陈述：法语和英语。考虑到国际奥委会的官方语言终究是法语，因此在PPT中加入法语，是十分必要的，这对我们的PPT水平也是一个提升。

这个任务来得太突然，当奥申委正式通知我在PPT中加入法语时，我完全不知该怎么办了。冷静下来之后，我赶紧找到奥申委外联部的一个同事，她懂法文，在奥申委工作了很久。我让她帮忙把已完成PPT中的英文翻译成法文。我的这位同事工作非常认真，在PPT的英文下面直接把法文翻译出来了。我不懂法文，不确定她翻译得是否正确，赶紧又拿着这份稿子找到何振梁先生，请他帮忙看看。何老仔细看了一遍之后，对我说了句："不行！这里面有许多体育术语是不准确的。"

没办法，我们只能再去找更权威的人来翻译法语。找来找去，后来找到了新华社的法语首席翻译——她是位法国人，老太太非常和蔼，听说为了申奥，她爽快地应了下来。法国老太太非常认真，一个字一个字地帮我们推敲。当时最大的麻烦是我们的陈述终稿没有确定，还在调整之中，甚至可以说，一天一个样，这就给翻译带来了许多麻烦。

翻译完了，我还是没办法确定翻译稿的质量到底如何。当时，在奥申委里懂法语的不是很多，其中算魏纪中先生和何振梁先生在体育尤其是奥运会方面的法语水平最高，但是两人工作非常繁重，几乎没有空下来的时候。翻译的事情就这么吊着，一直没有最终确定下来。

时间转眼就到了7月6日，考虑到第二天就出发去莫斯科了，我急了，抓住一个机会，在6日晚上"抓"到了路过我办公室门口的魏老，我说"魏老，无论如何，您也得过来帮我看看"。

魏老到了以后看了几眼，就对我说了句："不行！这里面有许多体育术语的用法是不恰当的。众所周知，翻译中最大的难题就是术语，它和常用语不同，很多都是专用术语，恰当地表达出这些专用术语，不是非常容易，但对那些奥委会委员们来说，整日里与这些术语打交道，地道的翻译又十分必要。”魏老看完法语的翻译，又看了PPT中的英语，让我几乎崩溃的是，魏老对英语的评价也是两个字：“不行！”英语是我的专业，我赶紧问魏老，“怎么不行了？”他说大小写方面存在着一些问题。我说，这大小写应该没有问题。最后为了大小写这个问题，魏老特意打电话给北京外国语学院的教授，咨询他这样写到底可不可以。结果证明我是对的。英语算是尘埃落定了。但法语仍然存在着问题。没有时间了，只能先把这个版本带到莫斯科去，所以说，上飞机的时候，我满脑子都是法语翻译，心里很沉重，一直在想，怎么办，怎么办？

除了法语翻译这件事外，接着PPT又出现了另外一个问题。

在杨澜的陈述用的PPT里，我专门设计了一个火炬传递的三层Flash动画。4月底参加技术协调会时，我特意了解到陈述现场将设置的三块巨大的屏幕和它们的位置。当时我就想，如果用一些震撼人心的图景来配合我们的申奥陈述，一定会有非常冲击的效果。回国之后，我就动手实施，想把那三块屏幕利用起来。最终，经过精心设计，我和技术人员一起完成了那个三层Flash。这个火炬传递的Flash动画做得相当精致，但问题跟着出来了——它对电脑的硬件要求很高。在2001年，电脑的内存都很小，而这个Flash对硬件的要求相当高，结果在排练播放时，死机的概率高达70%，并且还烧坏了一台手提电脑。

后来，经过调整，PPT播放逐渐步入正常，但对其死机的原因还是没有弄得特别清楚。我们连续好几天在研究这个PPT插件，眼见就要找到病根，突然收到了侯部长发布的通知：所有的PPT全部封稿。并以技术部的名义向奥申委赴莫斯科团队发了通知。这意味着，所有的陈述内容不能做改动，而我的工作安排是到7月13日下午2点30分还要作修改准备。我急了，立即说：不行，不能封稿，我已经找到了症结所在，再给我一点时间，我就可以彻底地解决问题。

争执来争执去，最后这件事惊动了刘敬民副市长。他打电话来问，老黄，出什么问题了。我说有一个PPT中要嵌入一个Flash，现在是它还存在一些问题，我正在查找问题所在，眼看就要弄清了，却封了稿，我觉得现在不能封稿，况且PPT中的法文问题也没有解决，否则可能会出大问题。他在电话那边思考了一下，问我，有那么严重吗？我很肯定地对他说，有！他说，那就好，你就接着往下研究，一定把它解决了。

就这样，时间到了7月7日上飞机那天。

所以，登飞机时，侯部长、刘曙和我三个人什么行李都没拿，六台笔记本电脑：4台全新的IBM手提电脑和两台恒基的手提电脑，我们三人每人拎着两台，就为了以防万一，那一刻，我们真把这些电脑看得比什么都重要。

带着问题，带着忐忑不安的心情，我们就这样飞往莫斯科。飞机上，除了众多团员之外，随团的还有四百多件行李，里面装载着相当数量的宣传品，如精心设计的中国结、纪念章、T恤衫等，还有一些雨伞、帽子、旗子等，以及北京的一些宣传资料、宣传手册。这些宣传品有两个用途：7月13日之前，可以在搭建在国际奥委会第112次全会现场的北京展厅发放，在奥申委搭建的展台上代表北京和中国亮相。同时伴随它们一起亮相展台边的，还有我国一些著名的体育明星、文艺明星，如王治郅、郎平、刘璇、王楠等人；7月

13 日之后，它们将作为礼品被送给国际奥委会的委员们，以及其他代表团的团员。后来的事实证明，我们的这些宣传品在这两个时期都发挥了重要的作用。在 7 月 13 日之前，它们在北京的展台上吸引了众多目光和赞叹；在 7 月 13 日以后，它们作为北京奥运会的礼物，受到了众多委员和其他代表团团员的极度喜爱和追捧。

莫斯科时间 2001 年 7 月 7 日晚上 19 点 40 分，承载着 13 亿中国人奥运梦想的国航波音专机，徐徐降落在莫斯科谢列梅杰沃机场。最后的莫斯科申奥战全面开始了。

2. 和时任副总理李岚清同志的珍贵合影

到了莫斯科之后，我们被安排住在金环饭店。很快，在金环饭店 2002 房间，奥申委就成立了临时指挥部和办公室，一切号令都从 2002 房间里发出。

7 月 9 日，我们开了一个协调会；10 日上午是最后一次内部排练。10 日那天内部排练完毕后，奥申委安排了短暂的休息。我和刘曙、周旭辉三人一起去了趟红场。去红场时，我的心情非常激动。俄苏文学对我的童年和青少年影响很大，像《钢铁是怎样炼成的》《铁流》《复活》这些书籍的经典片段，我甚至能够背诵出来。我曾屡次在俄苏文学中与著名的红场不期而遇，但每次只能够是“身不能至，心向往之”。

4 月底那次来莫斯科参加技术协调会，来匆匆，去匆匆，两天行

7月10日，我在莫斯科无名烈士纪念碑。

7月10日，我在莫斯科红场忙里偷闲。

程安排得满满当当，没有一点空闲时间，与红场擦肩而过。趁着10日这天有限的一点休息时间，我们三个赶紧离开金环饭店，坐地铁到了红场。

在红场看了半个多小时，我们又到无名烈士纪念碑转了一圈，正准备去其他地方看看时，我们接到了一个电话，说李岚清副总理要看申奥宣传片，可能还会有十多个副部长一起观看，让我们立刻返回金环饭店，准备放映影片的设备，然后赶往大使馆。

对李岚清副总理，我并不陌生。

7月10日，在准备向李岚清副总理汇报排练情况出发之前，紧张之余，我们也稍稍放松，自得其乐。

在国内的时候，我曾到过中南海，中英文交替着向他汇报陈述用的PPT，和他一起进行了几次排练；7月9日那天，我接到了一个从北京打来的电话，电话里，北京方面告诉我李岚清副总理对他陈述文稿的修改意见已经出来了，让我参照着对副总理的PPT进行最后一次修改。因为涉及保密，这个修改意见当时只有我一个人知道。直到 11 日陈述团全体团员做最后一次现场演练时，其他人才得以听到最终的李岚清副总理的陈述稿。

回到金环饭店，我们立即准备宣传片，找来电脑、投影仪、放映屏幕，还有一些放映的设备驱车赶往大使馆。很快，我们赶到了中国驻俄罗斯大使馆。

7 月 10 日，在驻俄大使馆官邸的会客厅，我们在调试设备，准备向李岚清副总理汇报。

等到李岚清副总理来了以后，他要求首先看看申奥短片，在场的十多个副部长和李岚清副总理来一起看了那个《万众期待》的申奥短片。5 分钟后，李岚清副总理来看完宣传片，脸上露出轻松的神情。我提出是否要看看整个陈述的安排，得到同意后，我将整个的陈述内容包括七段陈述、三段宣传片及何老的串词，中英文并用地作了详细的汇报，同时向李岚清副总理介绍我们的 PPT 陈述的流程和一些具体安排。

我告诉李岚清副总理，我们为什么这么安排顺序，为什么要在PPT里做这些细节的设置，我们的亮点在哪里，我们与众不同的地方在哪里。我在口若悬河地讲这些具体设计的时候，没有注意到李岚清副总理来把西装脱了，把领带也解开了。

我刚一讲完，李岚清副总理就兴奋地站起来，长吁了一口气，说了句：“这次，不知比上次好多少倍！”大使馆里立刻响起一片掌声，所有人都很兴奋。李岚清副总理的“这次，不知比上次好多少倍”这句话，给我们带来两种感受，一种是欣慰，对成绩的肯定；一种就是希望，对申奥结果的憧憬。我们刚站起来，国家体育总局的党委书记李志坚就上前握住我的手说：“谢谢你们了，你讲得太好了。”

7月13日晚，我与国家体育总局党委书记、奥申委前执行副主席李志坚在招待会现场。

这时，侯欣逸部长赶紧来到李岚清副总理前，向副总理介绍说，我们是奥申委技术部的，为这次申奥做了许多工作。所以，我们想和您照张相。李岚清副总理立刻同意了。

副总理同意之后，却没有立刻照，他郑重其事地重新穿上西装，把领带系好，然后和刘淇主席、刘敬民及我们几个一起留下了一张珍贵的照片。

7月10日，汇报完毕之后，李岚清副总理与我们合影。
从左到右：刘敬民、我、刘曙、刘淇、侯欣逸、周旭辉。

李岚清副总理对我们的PPT给予了高度评价，让在场的所有人都感到振奋，对结果充满了期待。奥申委的领导当即决定，请我们几个在莫斯科吃大餐——川菜。吃饭的时候，王伟秘书长开玩笑地说："今天晚上本来是俄罗斯奥委会的副主席请我客，但是由于你们给岚清同志的汇报表现得好受敬民同志的委托还非得请你们吃饭。”我记得很清楚，那顿饭一共摆了两桌，这顿川菜花去了六千卢布。当时，奥申委外联部的副部长王颖拉着我的手，“深情”地说，“谢谢你让我们蹭到了一顿川菜啊！”要知道，在异国他乡，吃上一顿家乡菜是多么不容易啊。

和李岚清副总理在莫斯科大使馆合影留下的那张照片，让我感触颇深。在那种场合下，每个人都会有一种深深的荣誉感，一种付出劳动之后被国家认可的崇高感。你会清楚地感受到：申奥是一个国家的大事，一个民族的大事。

3．格林斯潘导演和他的中国申奥片

格林斯潘是著名的美国导演，是国际奥委会的官方电影制作人，以制作奥运宣传片而闻名。当时，我们在申奥的过程中，特意把他请来当导演制作申奥宣传片。

陈述那天，我们一共准备了三个宣传短片以配合在莫斯科现场北京的陈述。前面两个片子的制作，格林斯潘都参与了：第一个片子是格林斯潘独立制作的，第二个片子是格林斯潘和北京电视台一起制作的。

在制作这两个片子的过程中，我们用的原始资料都是从DIGIBATE格式（数字视频）上直接翻录的。从观看效果上来说，用DIGIBATE制作的片子，画面的清晰度和声音的效果都相对弱一点。

第三个片子是张艺谋导演执导的《万众期待》，这个片子是直接用胶片转换过来，不管从画面的清晰度还是声音的效果上来说，都比前两个片子的效果要好。

7月11日，最后的现场排练时，格林斯潘找到我，说他的两个片子在播放时有问题。我赶紧把他带到刘敬民那里。他见了刘敬民，就问，为什么我的宣传影片声音那么小？我不要声音小，我要让它HIGH（高），HIGH（高）！它不能小。我赶紧又陪着格林斯潘一起来到陈述会场后方的中控台前，找到负责视频和音频现场控制的国际奥委会工作人员。我问那个工作人员，能不能把格林斯潘的那两个片子声音调大一些？

我在最后一次排练上与格林斯潘和南茜的留影。

我被告知，一个申办城市只有一个固定的声音值，如果你要大，那从始至终都要大，如果要小，那从始至终都会小。我看了看他的操控盘，果然，清晰地标出了五个标记。这就是说，轮到哪个国家，他就把音频直接调到固定好的标记上，就 OK 了。我问他，你能不能破个例，我们前两个短片声音大一些，最后一个再给我们推下来一点。俄罗斯人很不客气地说了个“NO”。

我赶紧把这件事向刘敬民汇报了，刘敬民说了句，这事你们解决吧。当时张艺谋导演也在现场，我就问了张艺谋一句，你看怎么办？他也不知道该怎么办。

我们只好请那位工作人员先把声音推上去试试，声音推上去之后，我和张艺谋一起把现场的四个角都走了一遍。走完之后发现，声音推上去之后，最后一个片子的声音确实有点高，低音音箱都有点要爆炸的感觉。我们几个慎重地商量了一番之后，决定把声音推上去！

为什么敢这么决定？

当时，我们仔细考察了一下现场，考虑到陈述当天，这个大厅里要坐两百多人，现在是空的，声音自然就显得空洞，回声过大，如果人坐满了，实际效果可能会好一些。其次，我们还考虑到情绪需要最后一个片子声音大一些。因为最后一个片子可谓是流光溢彩，中国元素浓重，画面切换流畅迅速，这就要求声音要跟着上去。

声音就这样比原计划的大了，这样做的结果就是既满足了格林斯潘对他的片子的需要，又把最后一个宣传片《万众期待》的气氛给烘托出来了——一举两得，何乐而不为？这件事情就这样得以解决，可爱的老头格林斯潘开心地笑了。在冲刺申奥过程中，经历了这件事，从一个侧面反映出，当时每个细节对我们来说，都是关键，同时也都是一个煎熬、一个考验。坦白地说，在申奥的漫漫征程上，没有一件事是小事，也没有一件事是容易的事。

回头再说说帮北京申奥制作申奥短片的著名导演格林斯潘。

格林斯潘，是一个非常伟大的奥林匹克摄影家、导演，他的血液里流淌着的是一种奥林匹克精神，胶片里印着的是他一生的不凡业绩。现在，当人们谈论起奥林匹克电影时，脑子里最先浮现的一个名字肯定会是“格林斯潘”。

回顾奥运历史，从 1952 年赫尔辛基奥运会起，“格林斯潘”这个名字就逐渐被奥运会举办国的所有人民所熟知。半个多世纪以来，格林斯潘一直兢兢业业地为奥林匹克事业服务殚精竭虑。到 2006 年都灵冬奥会为止，他已经做过九届奥运会导演，参与制作了几十部奥运官方影片，记录了奥林匹克历史上很多精彩瞬间。“体育世界的见证者”这一称号，格林斯潘当之无愧。

北京申办奥运会成功之后，我和格林斯潘先生之间的联系依然频繁。他和我成了很好的朋友，我们经常通电话，一起交流一些心得。其实，很多人并不知道，在 1993 年北京申奥的那一次，格林斯潘也帮助我们制作了申奥宣传片。

2003 年，北京举办了第一届奥林匹克文化节，我们热情地邀请了格林斯潘先生前来做客。在那届奥林匹克的论坛上，格林斯潘给中国和中国 2008 年奥运会留下了一段感人至深的话，这段话他曾经在北京申奥成功的时候说过：“到了 2008 年，如果我还活着的话，我一定到北京观看奥运会；如果到了 2008 年，我去世了，那请将我的一半骨灰埋在北京。”

申奥成功后，格林斯潘还继续参加了北京奥运会的相关组织工作，图为我与格林斯潘在交谈工作。

2007年11月1日，国际奥委会主席罗格为格林斯潘先生授予了“体育与推广奥林匹克精神”的奖杯。时任国际奥林匹克委员会罗格主席回忆说：“几十年来，格林斯潘都致力于用艺术表达他所观察到的体育运动的发展，用故事记录奥运会上运动员们的胜利与喜悦、失败与悲伤，为全世界人民喜欢体育，喜欢奥林匹克运动做出了不可或缺的努力和贡献。这个奖杯是对格林斯潘这么多年来辛勤工作的一个肯定，是全世界奥林匹克的人民记住并感激格林斯潘的一个见证。”

4. 惊魂“电脑接口”

按照国际奥委会给我们的日程表，在7月11日这一天，我们有非常宝贵的4个小时排练时间——在莫斯科世贸中心的多功能大厅——也就是两天后的陈述现场的排练。那一天，我们9点多就到了，参与最终陈述的所有人员也悉数到齐，一直排练到下午1点多。在我们排练同时，国际奥委会正在陈述大厅隔壁举行第112届全会。我们到达之后，他们的会议还没散会，考虑到保密因素，我们的排

7月11日，在莫斯科第一次排练现场。右二为前外事办副主任李国彬，左一为王伟秘书长。

练多少就有点“哑剧”的味道了。

在排练现场，我们开了一个简短的会，会很短，但气氛很严肃。开完会之后，大家“各自为政”，迅速找到自己的岗位，准备开始实地排练。

那次排练，我的主要任务就是把现场的电脑与会场连接好，把申奥短片的文件拷贝到会场总控室的视频专用硬盘中，并且留下3个宣传短片的备用带，用作备份。同时让周旭辉测试一下我们转录的效果。我带着喻红和旭辉拿着电脑走到后台。按照要求，那天我带了两台IBM的手提电脑，就怕万一有一台坏掉了，另外一台可以立刻补充上去。

当我们走到总控制台旁，见到国际奥委会工作人员给我们提供的接口时，我脑子立刻炸开了——只有一个接口。怎么会只有一个接口呢？我在4月26日的技术协调会上，特意强调，请莫斯科会务组织者务必给北京提供两个电脑端口，可现在怎么就突然只变成一个了？

我紧张过后，很快冷静下来，找到国际奥委会的工作人员，我用英语问他我们当初要求要两个电脑接口，为什么现在只有一个？他告诉我，别的申办城市都只要一个。我说，对不起，我不是无中生有，临时提出来这个要求的。在4月份的工作会议上，我特意提出来，当时你们也答应给我们两个接口的。他坚持说不需要两个接口，所有的城市都只需要一个接口。我说，可我们需要，因为在我们的工作流程上就是两个。他说，那你要说清你用两个接口的原因。我虽然很急，还是耐住性子，老老实实告诉他，我们的PPT有一个对电脑要求特别高，所以我们做了一个备份系统，以防万一，如果一旦出现问题，可以立即切换。

他说，你有两台电脑就没问题了，如果出了问题，你把这个插头拔下来，再插到另外一台电脑上，顶多不过几秒的事。我说，在那种关键时刻，你知道几秒意味着什么吗？另外，也不仅仅是这几秒的事，因为操作机器的人意识到死机了会有几秒的反应时间，等他反应过来，从椅子上起来，走过来，把第一台电脑上的线拔下来，再插到第二台电脑上，你知道前后要花费多少时间吗？我算了一下，最快也要 10 秒，而且这 10 秒你还不能有任何停顿或错误，最为可怕的是，大厅的三个大屏幕上播放的内容会停止，甚至会黑屏。

和他交涉的时候，我脑子里呈现的是火炬接力的那组 PPT，想到那组 PPT，我不禁毛骨悚然，太可怕了，如果一旦死机，那将会是什么后果。我正打算和国际奥委会现场工作人员进一步交涉时，他忽然讲起法语。在那个瞬间，我真希望我把全世界的语言都掌握了，这样无论他说什么语言，我都能和他交涉起来。实在没办法，我赶紧跑出来找李国彬，他是北京市外事办的副主任，他会说法语，我只能临阵搬救兵。

我把李国彬主任找来，那个工作人员还是那句话，不需要，如果出问题，他们会出面来协调。交涉一次又一次，无果！最后，我有些绝望了，我只能去找刘敬民同志，我们之前有过纪律上的要求，不能和国际奥委会的工作人员发生冲突或争论，我想通过刘敬民同志与国际奥委会主管协调，给我们再准备一个电脑接口。

等我急急忙忙找到刘敬民时，我突然决定不把这件事情告诉他了。

当时，排练现场秩序有些乱，刘敬民正在指挥着，有些火，怒气冲冲。他见我满脸焦虑走过来，严肃地问了句，“怎么了，老黄？”

7 月 11 日，我在陈述大厅后面的总控室。

我当即感到，如果再说电脑接口这事，那无疑更给他添乱。权衡了指挥现场和一个电脑接口两者的轻重，我说了句："OK，我那边没事了。"

现在回想起来，我还对自己那句 OK 感到后怕，当时，我真的抱着侥幸的心理，抱着对技术处理之后的 PPT 的自信。但从客观角度去说，我无疑犯了个错误，如果万一出了问题，怎么办？

事后，我对刘敬民提起过这件事。刘敬民当即就说，虽然事情过去了，该说的我还要说，你这么做是不对的，我仍然要批评你。

在整个冲刺申奥的过程中，这件事是我做得最不到位的一次。但有些事情过去就过去了，无法更改。回想起来，如果当初我再坚持下去，如果我不考虑到刘敬民当时对现场秩序不满的情绪，如果我一而再、再而三地去和那个工作人员交涉，我想电脑接口的问题，也许会圆满解决，就像格林斯潘电影短片的声音一样。无论如何，电脑接口的问题，让我惊魂了一把。当时惊魂，现在回想起来，也依然惊魂。

5．最后一次排练

7月12日上午，我们做了最后一次现场排练，前后只有45分钟。这45分钟同样是国际奥委会平均分给5个申办城市的，让我们抓住最后的时间，对自己的陈述做最后一遍实练。45分钟——这正是7月13日每个城市陈述的规定时间，时间很短，分秒必争。

进了大厅之后，大家都清楚时间的宝贵，每个人立刻投入到各自的角色中。我用了最快的速度——10分钟，把技术问题全部解决。当天的排练原则上按次日的流程走。每个人都只是开一个头，然后结束。这样做的目的是节省时间，在45分钟时间里走两遍流程。

我最为关心的还是那48秒的动画片。屏幕上动画一开始，我亲自从门口走到台前，按照75厘米的步长，用时48秒，非常准确，按照它的音乐节奏刚好能够坐在陈述台的座位上，感觉非常好。

最后一次排练，发生了一个小插曲。

当时，我将一直随身携带的工作记录本放进电脑包里，这个本子上记录了申奥以来所有的修改内容以及相关会议内容。我在做技术处理的时候，就把电脑包放在旁边的桌子上。等我回来后，我发

7 月 12 日，我与时任国务院副秘书长徐绍史（左）和时任李岚清副总理秘书郭向远在准备进入排练厅前。

现我的电脑包被人翻动了，电脑包里的东西全摊在了桌子上。我把电脑放回包里，等我出去的时候，我赫然发现笔记本不见了。我惊出一身冷汗，因为上面有很多我们控制流程，当时我们的保密要求很高，发现这个笔记本不见了，我立刻返回去找。等我到了大厅门口，排在我们之后的伊斯坦布尔已经开始排练，大门封住了，不让我进去。

我忐忑不安地往外走。虽说那个笔记本里全是中文，但我还是担心会泄露我们陈述的一些内容。后来，我才知道，那个笔记本被赵卫收走了。赵卫走的时候看到还有一个笔记本放在那里，就想，肯定是我们团队里的，要拿走，不能在现场留下任何东西。

最后一次演练顺利完成之后，我们做了一些细节上的修正，然后大家互相鼓劲，摩拳擦掌，等待着 7 月 13 日的到来。

7 月 11 日，我在第一次排练中的工作照。就在这张讲台上，萨马兰奇宣布了 2008 年奥运会主办权归属北京。

我和前来助威的王治郅（右一）在莫斯科北京展台前合影。

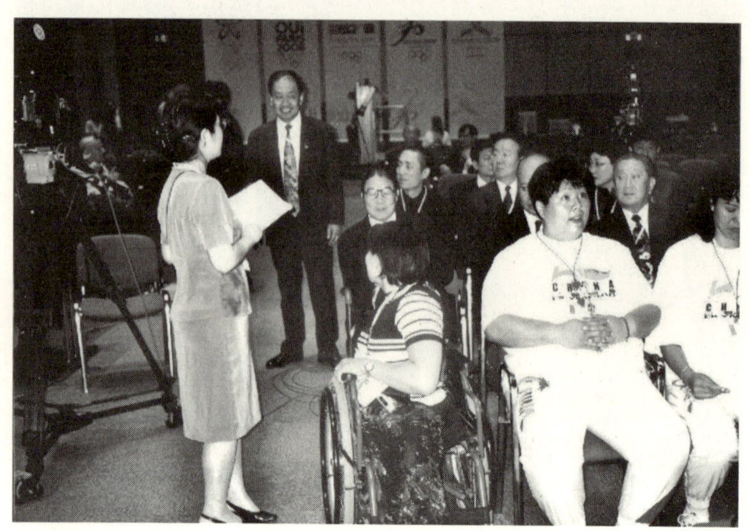

助威团成员在讨论。

第七章

各显神通的『7·13』

1. 形势一片大好

虽然 7 月 13 日这个极其关键的日子没有来到，关于“北京就是最后的成功者”的说法就已经不胫而走。一时间整个莫斯科城满城风雨，所有的话题都围绕着“北京”这个中心。我们北京代表团中很多人既兴奋，又紧张。这个好消息给我们带来了自信，也带来了许多特别的关注，连我们这些代表和工作人员出入酒店，都能感受到莫斯科人投来的别样的“祝贺目光”，当然也少不了其他城市代表团的“嫉妒”和“羡慕”的目光。

“北京会在最后胜出”——这个惊天动地的消息来自于意大利的一个奥委会委员。在 7 月 13 日之前的那几天，那个意大利的奥委会委员私下里对我们的一个工作人员说：“萨马兰奇曾告诉我，如果没有什么突然性变故，北京就是最后的成功者！”他还说：“萨马兰奇甚至说‘北京有可能在表决时第一轮就胜出’。”

第一轮就胜出！如果国际奥委会主席萨马兰奇先生真的这么说，那真是值得庆祝的一件事。面对这个好得不能再好的消息，我们还是很冷静的，毕竟事情没有到水落石出的那一步，再说第一轮就胜出那是个什么样的概念呢？108 张选票，我们至少要拿到 55 张，其他 4 个候选城市的总票数加起来至多能取 53 张，平均下来每个城市 13 张多一点点。如果真是那样，这将会是奥林匹克运动会申办历史上从未出现过的事！那将会成为震撼全世界的一件事！这个消息让我们大为振奋，同时让我们作为北京申奥代表团的一员而感到自豪和欣慰，是的，我们在没有来到的决战前，就已经成为决战的中心。

同这个略带传闻色彩的消息相比，更大的冲击性消息则来自于《联合早报》的一则消息，该报报道：“北京的消息人士说，中国高层官员预计北京将成功拿下2008年奥运会的主办权，北京甚至有可能得到108张选票中的70张左右，远远超过半数。”由此可见，全世界都相信，最后的胜利者将会是北京，至少说北京的胜算将会是最高的。《联合早报》是新加坡报业控股公司主办的杂志，素来

2001年7月12日，国际奥委会安排5个申办候选城市的代表在斯拉夫饭店举行新闻发布会，从上午10时15分开始，大阪、巴黎、多伦多、北京和伊斯坦布尔依次进行。北京奥申委代表团的新闻发布会由北京奥申委秘书长屠铭德主持，奥申委秘书长王伟、体育主任楼大鹏、运动员代表、奥运会冠军邓亚萍、北京奥申委环境顾问廖秀冬出席，他们就中国的环境、交通、场馆建设、人权状况等问题回答了各国记者的提问。图为北京代表在发布会前集体亮相。

被称为“第三只眼看中华”，其可信性非常高。

除去这些外部因素，再回头谈谈我们这些工作人员的精神状态和大战前亢奋的心理。

7月12日晚上，吃完晚饭，我和刘曙又将电脑上所有的文件整理了一遍，我们赴莫斯科的这些人基本上都没睡觉。整个酒店灯火通明，直到清晨还能听见酒店的房间里有人在抑扬顿挫地说着话，一方面是因为大战在即，大家都很兴奋，很难入睡；另一方面，则是我们这些人三三两两聚在一起，为明天的结果做可信性很强的“预测”。

在对5个候选城市进行最后的预测后，我们这些工作人员也坚信，北京就是最后的胜利者。首先，大阪和伊斯坦布尔的竞争力比较弱小，一旦在前两轮的投票中，这两个备选城市被淘汰出局，那么本来在前两轮投给他们的票，那就会转投给北京。这样，如果不出意外的话，第一轮获胜，有点理想化；第二轮获胜，在情理之中；而如果一旦拖到第三轮，那结果就多少有些扑朔迷离了。

与此同时，对我们北京来说，好消息源源不断地传过来。

我们最大的竞争对手多伦多和巴黎在最后时刻多多少少都犯了一些错误，甚至是不可挽回的大错误。多伦多的市长在非洲问题上爆出丑闻，他说过的一段话被媒体曝光，引发了一次不小的轰动。他在临出发到莫斯科前，曾被受邀至非洲的一个国家的城市进行访问，谁知道，这位市长在面对加拿大的媒体时，却说出了这样的话:“为什么我要到蒙巴萨这种鬼地方！那里的蛇实在吓人……我还可以想象，我会被放在一锅沸水里，而那些土人却围着我跳舞。”此事不仅在国际社会遭到了猛烈的批判，甚至在加拿大国内也遭到了国民极其严厉的批评，结果该市长在面对记者时说自己为此事道歉不下于25次，也无济于事。与此同时，法国巴黎的奥申委主席也出了事，他所经营的一家大公司涉嫌洗钱，被警察局传讯。

更为滑稽的是，多伦多和巴黎曾私下商量要联手对付北京，两个奥申委的负责人在5月份时聚在一起吃饭，结果没料想到被媒体曝光了，后来他们自己承认，要协议对付北京。协议的具体内容让人触目惊心：1. 假如巴黎输了，就把票投给多伦多，全力支持多伦多；2. 如果多伦多输了，就把票投给巴黎，全力支持巴黎。我们知道这件事后，立刻有种心惊肉跳的感觉，又很愤恨不平，觉得这真是有违竞争的“小人协定”，真是一个阴谋十足的“暂时合作伙伴”。

以上这些“道听途说”让我们信心十足，“大战”在即，每个人都能感到热血沸腾，心中的激情油然而生。说句有趣的话，当时我们北京代表团的团员出入酒店时腰杆都要比别人硬许多。兴奋，太兴奋，简直就想一步跨到7月13日的下午，直接把最后的结果带走，把“北京申奥成功”这句话带回祖国。

在12日晚上聊天的时候，我们不止一遍地说，我们行，肯定会成功，保守点说，我们应该会在第二轮中获胜！可转念一想，如果巴黎和多伦多真的还是按照那个“小人协定”来按部就班地进行申办和投票，那结果是什么还真的很难说。想到这一层，每个人多多少少又开始担忧起来。

7月13日这一天不紧不慢、不慌不忙地如期到来。

莫斯科的早晨阳光明媚，酒店宽大的玻璃窗户敞开着，房间里飘散着清新的空气。一大早，在我们下榻的酒店就已经人声鼎沸，气氛明显与莫斯科早晨静谧清幽的情境不同。大家都开始紧张起来，有工作的提前准备，有任务的在心里一遍遍提醒自己，不能有什么遗漏，整个大楼比往日早好几个小时醒过来。

后来，据说13日早晨7点的时候，国际奥委会指定的饭店之一——乌克兰饭店一号餐厅开了门，到了7点半，整个就餐大厅却只有20多位客人在用餐。在这个饭店里下榻的基本上都是来自世界各地的媒体记者，要知道这个餐厅平时可容纳300人同时就餐，有不少记者早晨5点就起床赶往会议现场——莫斯科世贸中心，以期能抢到一个好位置。

8点50分，莫斯科晴朗的上午带着流云和阳光，眷顾着莫斯科城每一寸土地。从外面看去，北京奥申委在斯拉夫饭店7层的驻地仍然静悄悄，金环饭店一片肃穆，商务俱乐部同往常也没什么区别。但其实在北京代表团下榻的这三个酒店里，简直就是另外一番场景：每个屋子里的人都在紧张忙碌着，每个人都在焦急地等待着下午3点的到来。

中国驻俄罗斯大使馆的工作人员一大早就开始整理从北京带到莫斯科的与申奥有关的纪念品和一些小礼品：帽子、T恤、申奥旗帜，同时为了保障在莫斯科世贸中心的展览台，一些展板等宣传品也要尽早准备好。那种为了共同目标走到一起来的场景，让人尤为感动。

那天早晨，我还看到一则来自国内的消息，让我兴奋的心中更加感慨万千。这则消息说的是北京的天气——7月13日早晨，北京突降大雨，京城烟雨蒙蒙，一扫7月的暑气，这样的天气预示着“7·13”这一天将会是一个非同寻常的日子。远在祖国千里之外的我，特意看了看莫斯科的天气，晴朗，有流云，很不错的天气。一种情结，两种风景，万般滋味，都上心头。

为了让自己过于兴奋的神经有所冷却，我给自己沏了一杯绿茶。

绿油油的茶叶在透明的玻璃杯里随滚水翻腾，是清香的龙井茶。朋友送给我的，我把它带到了莫斯科。我端着那杯茶，拉开窗帘，在薄雾晨曦中，深情望着窗外清晨下的异乡风景。我在心里默默地说了一句话：美丽的莫斯科城啊，请祝福我们吧！请祝福北京吧！成功就在眼前，成功就在今天！等到巅峰时刻的到来，我一定会为你敬上一杯真诚的酒！

2. 大打经济牌的日本大阪

7月13日的陈述日当天上午，我没有到现场去看大阪、巴黎和多伦多的陈述。王伟秘书长、香港环保局局长廖秀冬女士加上我，以及一个法语翻译，我们四个人在金环饭店的2002房间隔壁收看上午三个城市陈述的转播，记录当日上午三个申办城市的表现，及时总结，看能不能在最后时刻对我们的陈述和PPT提出有益的修改和补充意见。

任务重大，不容忽视，我第一次觉得看电视成了名正言顺的事业了。我们三人互相打趣，说了些闲话，调节调节紧张的气氛。我们三人都能听得懂英语，但法国在陈述时将会采用法语陈述，所以北京奥申委的领导就特意给我们安排了一个外交部的法语翻译担任现场翻译。法语翻译陪着我们一起看转播。

按照顺序，先说说大阪的陈述。到了莫斯科之后，我听同事说了一个关于日本大阪申奥的插曲。他说日本大阪对我们北京申请2008年奥运会这件事有些不太高兴。我感到不可思议，就问他为什么？他说好像是因为在北京做出申办2008年奥运会的决定之前，日本大阪曾专门询问过北京这边，说如果北京提出申请，那么他们将决定不提出申办2008年奥运会的申请；如果北京不提出申请，那么他们将提出申请。说白了，大阪是想避开和北京一起申办，因为这让他们觉得如果和北京一起提出申请，是很没有希望的。可当时由于我们北京还没有确定最后会不会申办2008年奥运会，而大阪又等不及了，决定提出申请。可最后的结果恰恰是他们最不希望看到的：北京最终提出了申办2008年奥运会的申请。

既来之，则安之。对于日本大阪来说，对于做事一贯认真的日本人来说，既然提出了申请，就没必要丧失信心，更不会随意应付就了事。日本大阪前前后后为此次申奥之行投入了大量的人力、物力，来支持此次申办。

举个例子，在我第一次来莫斯科参加技术协调会的时候，我就被大阪的认真劲儿给震撼了。当时北京代表团连我一共去了4位与会代表，已经非常重视，但是日本大阪一下子派了七八个代表，他们派来参加那次协调会的工作人员，居然大部分都是欧美人——这是大阪专门从欧美请来的专家，从这件小事上足见日本大阪对此次申奥的重视。

7月13日的陈述对日本大阪来说喜忧参半。他们被安排在第一个向国际奥委会做申奥陈述。这样的位置谁都清楚，有给评委和委员们耳目一新的机会，同时也缺少调整的时间，毕竟如果你有什么地方出错了，恰好就给后面陈述的城市提供了“宝贵”的经验，而对你自己来说，却不可弥补。

7月13日上午8点整，日本大阪申奥代表团在日本大阪市市长的带领下，抵达位于莫斯科河边的国际贸易中心国际奥委会第112次会议主会场。三辆长长的大轿车慢慢开到主会场前，车刚停下，大阪代表团就有序地纷纷走下车，等候多时的记者长枪短炮赶紧猛烈地“轰炸”了一番，尤其是日本记者，更是使尽浑身解数。大阪代表团那天穿得是深色西服，加上他们表情凝重，碎步疾走，一时紧张的气氛立刻就在主会场前弥漫开来。

最后的战役就在大阪人行色匆匆的步伐中打响了。

上午9点30分，前国际奥委会主席萨马兰奇先生作为大会的主持人，请大阪开始陈述。大阪会以什么方式来开场呢？又会以哪些出人意料的方式来吸引国际奥委会委员们的注意呢？这些问题都是我们之前议论的话题，等到日本代表团真站到陈述台上，这些问题就更显得吸引人。我紧张地收看着现场传来的直播画面。我猜想日本大阪为了这短暂的45分钟，肯定会竭尽全力。

果然日本大阪代表团刚上来就先声夺人，他们统一穿着日本传统服装，一开始就把日本味儿给释放出来。紧接着，大屏幕上开始播放起申奥短片。因为我是北京奥申委的多媒体总策划，加上对我们自己的短片从始至终一直在关注，所以我对大阪的短片尤为感兴趣。事先大家都对各自影片的内容封锁得很严格，直到那时，我才目睹了这个举日本全国上下之力做出来的精品短片。

许多日本元素在短暂的几分钟的影片中扑面而来：日本民俗的图片、日本风景的图片、富士山、和服飘飘、艺伎涂脂抹粉的面容对过往大和民族的还原、鲤鱼旗迎风翻展、樱花点缀春天的原野……

这些美丽的画面叠加在一起，像一杯日本浓茶朝会场倾洒开来，画面很唯美，做工很精细，有点像日本作家川端康成笔下写出的那个细腻的日本。

影片放完了，台下的评委开始私下交谈起来，看来，大阪这个开场白给国际奥委会委员们留下的印象还不错。

接着，大阪再出奇招。这一招多少有点出乎我们的意料。

短片结束后，一个日本小姑娘手里拿着一把小提琴，赫然出现在陈述台上。后来，我们才知道，这是大阪处心积虑想出的一个招数，用 14 岁的中学生 MISAYAN 在现场演奏奥林匹克会歌，以此来表达出他们对于奥林匹克运动会及奥林匹克精神的渴望。激昂的乐曲，充满青春风采的日本少女，自信的旋律，会场一时安静下来，日本记者拼命地按下快门，转播镜头中，我甚至看出有位日本记者因为过于激动，拿相机的手居然开始哆嗦起来。

奇兵，果然是奇兵。

女中学生一曲流畅的小提琴独奏完毕，现场哗然，大家纷纷鼓起掌，日本代表团面带灿烂笑容。可见，这样成功的开场白给了大阪许多自信。如果说几分钟之前，他们还没有任何底气的话，现在，他们已经拥有了许多豪情壮志。

日本小姑娘的独奏让我心中有些黯然神伤，我想到了 1993 年我们那次申奥失利。那一次，我们也派了孩子去。在陌生的蒙特卡洛街头，中国小姑娘们一遍又一遍地用稚嫩的歌喉向当地人演唱着奥林匹克会歌，谁能料到，最后的结果竟是如此的残酷，让这帮在异国他乡为奥林匹克精神歌唱的中国小姑娘们饱受失利的感伤。而那张中国这些小姑娘在蒙特卡洛街头含泪的照片又再次浮现在我眼前，深深刺痛着我的心。

日本大阪当然不会只做空头文章，紧接着，他们市长一站在陈述台上，众委员们立刻认真起来，在陈述环节，口头演说这是重头戏。从大阪市长一开始演讲，我就猜测到，大阪这一次肯定要打经济牌，毕竟日本在世界政治格局中，最为引人注目的就是它的经济。果不其然，他一开口，就说日本大阪如何从经济上来保障2008年奥运会。

市长矶村隆文说：

大阪有一个非常健全的经济基础，我们的城市每年的预算是400亿美元，这在世界城市预算中是最好的。所以，我们投资250亿美元来进行这种基础设施的建设，有人感到非常惊讶，但是有一点大家应该清楚，就是我们这个城市只负责12%的预算，也就是30亿美元，其余由国家政府，还有我们的大阪政府，还有其他机关会承担，一些公司也已经承诺，给我们一些财政方面的支持。所以这里不存在任何的财政方面的危险，没有什么问题。日本是世界上第二大经济国，我们这个地区是一个相当繁华的地区，包括日本的几个最大的城市，他们所主管的财政和经济力量是相当大的。

大阪会提供非常可靠的运输系统。有现代化的飞机场，还有大量的地铁和火车的系统。新闻的传播也达到最高的水平，MPC、IBC新闻的广播中心将会采用最先进的技术，为新闻记者提供17000多个房间，通过交通可以很快进入各运动场馆采访这些比赛。

我们的组织能力是最高水平的。我们过去有丰富的经验。我们有很好的规划和快捷的实施，我们对比赛日程上做了精心安排。大阪市根据过去的经验，以及我们21000名警卫的支持，我们会采取所有措施确保证比赛安全。

我希望能把2008年奥运会主办城市选在大阪。

大阪打出经济牌是我们意料之中的，可是没想到，一贯以严谨、刻板著称的日本人竟然在申办奥运会时变得“浪漫”和“狂放”起来。他们许诺了一个称之为“海上运动天堂”的美妙计划：即如果申办成功，将在日本人引以为豪的日本海上，在波光袅袅的大阪湾中人工修建两个岛屿，并美其名曰“奥林匹克岛屿”。人们常以海天相隔来比喻远不可及，而这个计划却将海上与“天堂”连接起来，真可谓别具一格，其想象力和创造力真可谓引人入胜。

一向对时间控制地极其准确的日本人，在那次陈述中犯了一个不大不小的错误，我在收看他们的陈述时，特意留意了一下时间，按照国际奥委会的规定，每个代表团的陈述时间是45分钟，结果从9点30分开始的陈述，直到10点40分才结束，多少让人对此有些尴尬。

随后委员们针对大阪提出的一些问题，有些比较尖锐。其中之一是有个委员问道，日本大阪处于地震多发区，那如何能够保证运动员们的安全呢？这个问题问得有点狠，地震属于天灾的范畴，你只能减少地震带来的损失，却无法避免地震的发生，在这个问题上，任你有多少张嘴，也不可能说得太清楚。大阪人紧张地回答这些“不太友善”的问题。

除此之外，其他的一些提问，诸如兴奋剂、交通等问题都是些应付场面的问题。从委员们提出的这些问题，我和同事们推测，看来国际奥委会对大阪的兴趣并不是太高，同我们预测的差不多，不出意外，前两轮投票，大阪铁定要被淘汰。

同稍显沉闷的国际奥委会委员们的兴致相反的是日本的记者，等日本代表团走出会场时，他们简直就是蜂拥而上，最厉害的一个女记者，手里拿着一排话筒，跪在地上，对大阪市长矶村隆文进行采访。而作为奇兵出现的那个日本女中学生，自然也成为重点关注的对象。

我抽空休息了一下，整理了一下思绪，总结了日本大阪申奥陈述的几个亮点：日本式短片充当先锋、女中学生救驾、拿经济说事儿、放出“海上运动天堂”这颗卫星，仅此而已，回答问题没什么亮点，委员们的兴奋程度一般。我喝了点水，重新回到座位上。我知道5分钟后，作为我们最大的竞争对手——巴黎，就要出场了。

3. 多情自古是巴黎

上午10时45分，巴黎代表团的陈述开始了。王伟秘书长和廖秀冬以及我三个英语派的就没有用武之地，只好转而求助那个法语翻译。

凡尔赛宫、塞纳河、前卫时装、香水、电影、艺术，这些都是世界各国对于浪漫之都巴黎城的直观印象。多情自古是巴黎，这样的说法自然不是一朝一夕能够积累出来的，它是历史留给这座城市的最伟大的魅力和传统之一。在很多场合，在法国很多电影文学中，巴黎成了浪漫和情感的代名词。在巴黎没开始他们的陈述之前，我们坐在金环饭店的房间里，已经多少有些期待，日本展示出大和民族的传统和细腻，那么，巴黎肯定也不会放弃这个最佳展示自己多情和浪漫的世界舞台。

同日本一样，巴黎首先放映了自己的申奥短片。我坐在座椅上，目不转睛地盯着画面看着，想好好享受一下法国人通过影片所带给我们的浪漫。在我的印象中，法国电影是浓烈美的艺术集中。在世界电影格局里，法国电影是独具魅力和特色的，它的节奏是缓慢的，它的情感是浓烈的，它的画面是唯美的，它的情节是悠长的，不急不慢，不焦不躁，像等待天之涯海之角的“绿光”那样。

浪漫，简直就是巴黎人的信仰，浪漫自然也成为短片的格调。果然，巴黎的宣传片一如人们所期待的那般精美绝伦，不同凡响。观看这部短片使观众犹如踏上一段奇妙的旅行，在一位金发美女的向导下尽情触摸巴黎。金色的阳光映着午后舒畅的塞纳河，两岸悠闲的巴黎人在享受日光浴。凉风习习，吹拂承载着厚重的法国历史的精美艺术雕塑，一道道经典景观在观众眼中跃然再现：阿尔卑斯山、巴黎圣母院、卢浮宫、凯旋门、香榭丽舍大道……观众几乎忘记自己身处申奥现场，而以为置身于与金发美女结伴而行的巴黎之旅。幸好在短片中，还出现了一位黑人老人和一个中东孩子，通过他们的特殊视角，把奥林匹克体育和体育精神融合到了巴黎的日常生活之中，传达着“体育在巴黎无处不在，文化和体育完美融合”的城市价值理念。这样不时地又把观众从梦幻中拉回了主题。

片子放完的时候，我特意看了看手表，让我吃惊的是，这个短片用去了十几分钟时间，这就意味着留给法国人在台上陈述的时间就少去许多。现在想想，当时巴黎人敢这么大胆地延长申奥短片，无疑来自于他们对巴黎的自信，而当时那个陈述会上，法语和英语是陈述时必须采用的语言，这无疑又让他们有了很强的主人翁意识感。

日本人请来了中学生，那法国人又靠什么来博取国际奥委会委员们的青睐呢？法国代表团一上场，这个谜底就揭晓了。法国人派去的“印象派”代表是个秃顶的男人，他的出场出乎许多人的意料，又完全在情理之中，他就是法国著名足球运动员齐达内。

巴黎人打出齐达内这张牌的意思很明显，一是齐达内获过“世界足球先生”，在体育界有着广泛的影响力；二是因为法国成功举办了1998年的世界杯，在那届世界杯上，正是凭借齐达内的出色表现，法国队击败了强大的巴西队，夺得了世界杯冠军，法国人的体育激情被那届世界杯点燃了。我扭头和王伟秘书长议论，看来法国人摆出这个架势，无疑表明了自己在举办大型体育活动方面，拥有其他四个候选城市无可比拟的经验。

站在陈述台上的齐达内，用流利的法语开始了陈述，果然他一张嘴，就谈及了1998年的世界杯：“1998年赢得世界杯对一个足球运动员来说是一种胜利，我们要把和平与爱传达出去，成为永恒的感受。只有奥林匹克运动可以这样，我们将把博爱和友谊传达出去，而且我们会留下一个非常好的传统。法国需要，巴黎需要这样一次奥运会，世界需要这样一次奥运会，这是我为什么到这里来的原因，希望我们能获得这样一个机会。巴黎人热爱运动，热爱生活，富有创新，富有想象力，巴黎是实现各种理想的圣地，是富有历史精神的这么一个城市。谁都可以作为巴黎人，不管你是从哪里来，你是什么肤色，你是什么阶层的人，巴黎有它独特的个性，所有有才华的人都在为之努力。”

齐达内和巴黎代表团其他团员还就安全、体育场馆等陈述时必须涉及的一些问题给予了解释。

巴黎人接着又摆出了一个不可取代的理由，那就是时间这个问题。巴黎代表团的代表说：“巴黎是一个非常理想的地点，正像巴塞罗那那样，对非洲、欧洲、美国和大部分的亚洲观众来说，都是一个非常理想的地方。比如说像5点钟举行的比赛，在非洲和欧洲，也就是五、六点钟左右，在北美、南美，上午可以观看。在西亚，晚上可以观看了。也就是说，世界75%的人口就可以看实况的直播。每年大概有6900万旅客都通过巴黎走到其他的地方去，所以它是个交通枢纽。大家都知道，我们大部分国家的首都都可以直接飞达巴黎，中间不需要有什么中断或者要换飞机。如果要乘火车或者汽车，上百万的爱好者都可以通过这种方法，来为他们的运动员加油。从天气来说，巴黎也是非常理想的一个地方，7月底8月初，巴黎3点钟的气温平均是24摄氏度，也就是76华摄氏度，而且湿度只是52%而已。”

听到法国人用英语说出这一段时，我和身边的同事交流起来。我乐道：“法国人有点不厚道了，这也敢往脸上贴金，他们认为他们的时间理想，哪知道中国人熬夜看欧洲杯、看世界杯的痛苦。”大家跟着我的话呵呵笑起来，说：“就是，就是，这次无论如何也要把奥运带回咱们国家去，让他们跟着咱们熬，让他们半夜起床看在中国举行的足球赛。”

巴黎市市长的发言谈得更多的是奥林匹克精神，诸如自由、平等、博爱等奥运理念。法国总理若斯潘发言主要针对的是政府对奥运的支持，他说：“巴黎的预算是非常安全的。如果你们要选择我们的话，那我们的预算实际上是非常平衡的，而且会得到法律的保障。如果巴黎成为这个幸运的城市，我会立即建立一个协调机构，由政府部门牵头，直接向总理汇报。这样一个跨度的委员会，会做各方面的工作，以保证这次奥运会的成功。”

法国总理这么说，同日本人陈述时提及的“奥林匹克岛”一样，是表态度、表决心。

陈述转眼之间就到了结尾，临到结尾的时候，巴黎代表团主席出场了。他在最后的总结有点咄咄逼人的架势。他再次把法国人非常喜爱运动，追求运动精神、追求运动的平等、追求运动的博爱说了一番后，开始大打糖衣炮弹。这一招无疑有着很重的拉票性质，他信誓旦旦地面对台下的委员，面对全世界的直播说：“我们将对来自穷国的运动员，邀请他们到法国来，在尽可能好的条件下进行训练。我们会邀请1万名青年人到巴黎来观看比赛，来自全世界的男孩和女孩，在他们回到自己国家的时候，他们会成为大使，把奥林匹克的精神传达出去，本着同样的精神，我们会把那些临时体育设施捐赠给发展中国家……将会把它办成一届慷慨的奥林匹克运动会。”

“将会把它办成一届慷慨的奥林匹克运动会！”

法国人果然敢说，这样的话都能在大庭广众之下公布于世界，似乎要把奥运会办成一个国际援助组织，办成一个爱心组织。紧接着，我看到了那个充满自信的主席又出了一个狠招，他的陈述又主动往前迈了一步，那意思很明显，是在向萨马兰奇先生逼宫：“萨马兰奇先生，代表们，在结束我们的陈述之前，我想提醒你们有三个非常重要的方面……”他用了“提醒”这个词，意在引起国际奥委会委员及主席萨马兰奇的注意。

他接着说了以下三点，以期引起委员们的注意：“首先，以前没有任何一个国家或者一个城市提出过如此多的保证，刚才我们的总理已经表达了我们全国的这种信念和承诺，我们做出这种承诺是不可推翻的，也是不可逆转的。如果你们让我们的国家得到这种荣誉，我们就一定会说到做到。

“第二，我想感谢过去我们的这些代表团的成员们，在过去几个月中，他们做了很多的努力。此外，他们也坚持了奥林匹克运动的这些基本原则。

“第三，我们这个委员会向你们保证，我们将把 2008 年奥运会所有的盈余都交给国际奥委会，我们的唯一目的就是要帮助年轻人促进体育运动的发展，也就是说，巴黎申办的核心就是博爱平等，最重要的就是大方慷慨。我们承诺为奥林匹克运动会贡献自己的一生，因为这是有关人类的前途，我们希望你们会给我们这样一个机会，也把我们今后 7 年的时间献给奥运会。”

“以前，没有任何一个国家或者一个城市提出如此多的保证”，在我看来，法国人把话说得有点过，有点完全不顾忌其他申办城市的感受，多少有点不像法国人浪漫包容的作风。他们口口声声说办奥运不为经济，只为精神，他们的核心就是博爱平等，这样的陈述风格似乎“浪漫”过了头。

后来我和同事们谈论起法国人的陈述时，说他们的陈述真是蜂蜜里掺着辣椒，豆腐里埋着刀子。一方面大谈浪漫，另一方面则谈了许多别的国家做不到的地方，以期用“双刃剑”，获得这场战役最终的胜利。

莫斯科当地时间中午 12 点 15 分，完成了陈述的巴黎代表团满脸兴奋回到国贸的中心新闻大厅。法国巴黎代表团在接受记者采访时一直把两位坐轮椅的代表放在最前面，表明他们对残奥会的态度，对体育精神的崇尚。而面对来自世界各地的记者，法国人利用最后的机会，来展示他们的浪漫：代表团中年轻的姑娘小伙子们抱在一起，对着镜头，当众甜蜜地亲吻。

法国，果然浪漫，我想，如果法国最终获胜的话，那奥林匹克精神里又要多一个叫“浪漫”的词了。

4. 多伦多请出土著人

7 月 13 日莫斯科当地时间 8 点 30 分，多伦多人在大阪代表团后，也来到了陈述会议现场。他们同样乘坐三辆大巴，但与日本代表团严肃认真的面容截然不同的是多伦多代表团夸张的表现：隔着宽大的巴士玻璃，可以看到每个多伦多人脸上都洋溢着自信的微笑，最夸张的是，他们还整齐划一地高喊：“多伦多！多伦多！”抑扬顿挫的口号声立刻聚焦了所有人的目光，比第一个出场的大阪人热闹多了。当多伦多人从巴士上下来时，真是异彩纷呈：很多代表穿着风格迥异的民族服装，各色人种的有机组合也颇具特色，看来他们是要打出多民族这张王牌了。

12 点 16 分，在莫斯科举行的国际奥委会第 112 次全会上，加拿大多伦多代表团第三个开始上午最后一次为时 45 分钟的陈述报告。

大阪人派出了一个女中学生，巴黎人推出了齐达内，那多伦多又要上演什么节目，派什么人上场呢？多伦多第一个亮相的代表让新闻大厅里观看转播的其他城市的代表发出一阵会意的笑声。这个人既不是多伦多的官员，也不是体育明星，而是一个身着印第安传统服装的土著人。多伦多人派出了土著人！

首先在陈述现场几个身着印第安传统服饰的多伦多代表，敲着传统的皮鼓，齐声高唱印第安土著歌谣。接着，那个穿着鲜艳的土著酋长站在了发言台前："萨马兰奇主席，女士们，先生们，各位早上好。我是印第安的一个首领。我走了很远的路当面致辞，我代表的是土著民族。我们作为土著人，在一个伟大的国家生存下来，多伦多就是我们的家园。多年来，我们的祖先一直欢迎来自于世界很多国家的人民，我们共同在和平和谐的环境中生活……我们的祖先也说过了，欢迎各个国家来到我们伟大的国家——加拿大。2008 年，在多伦多相见。"

这个酋长将异域风情带到了莫斯科申奥陈述现场，也将加拿大各民族和谐友好共处的成就带到了现场。这对于民族问题日趋尖锐的当今世界来说，是颇有风范的。这也是与奥林匹克精神相一致的。多伦多的申奥很好地结合了自身多民族的特点，勇攀奥林匹克精神的高峰，是很成功的一笔。

接着，多伦多也派出了一个小姑娘摩根，她在台上惟妙惟肖地唱了一首节奏明快的歌曲，小摩根清脆的歌喉和清澈的双眸颇具感染力，她动感的表演征服了现场的许多奥委会委员，他们含着微笑，不由自主地伴着小摩根的歌声，有节奏地打着拍子，之后毫不吝啬地送给小摩根一阵热烈的掌声。

之后，多伦多的领队和运动员代表等人的发言很平和，没有什么特别和突出的亮点，只是反复地在强调，加拿大是个多民族融合的国家，是个把民族关系处理得特别好的国家，他们反复地这么说，我总觉得试图在遮掩什么，似乎是在为前不久说错话的多伦多市长在解释什么。我们对此开怀一笑，这显然有点欲盖弥彰的味道。

很快就到了总结发言的时候，多伦多的总结发言让我觉得有些不快。他们反复提到政治，提到城市的稳定，言下之意，是对其他申办城市政治和经济的轻视："主席先生，女士们，先生们，我们申办 2008 年奥运会是因为我们办奥运会、残奥会的理想，我们是为运动员设计。我也是一个运动员，今天我的工作就是要说服你们……我知道你们已经听到了很多，在大家投票的时候，请大家自问一下，哪一个申办城市对体育、对运动员更有利？哪一个在政治上、经济上具有稳定性？哪一个城市提供一种确定性？再过 7 年之后，一切都会顺利，谁的申办能够满足国际奥运会的要求，我们觉得我们能够举办这次奥运会，我希望你们也这样认为，这就是多伦多必将赢得举办权。"

没有出乎我们的猜测，多伦多人豪言壮语说得太多，不该说的也说了太多，在随后的提问阶段，他们就陷入了自己制造的泥淖和沼泽中。那天，委员们一共向多伦多代表团提出了 5 个问题，其中最尖锐的就是针对多伦多市长曾经发表的涉嫌种族歧视的言论进行的诘问。提问的这个委员是个墨西哥人。他问道，"你们对你们本国的运动员、对你们本国的民族是那么的和谐，是那么的友好。但这是一个世界的大会，你们对其他国家的其他民族怎么样呢？据说有一个非洲国家邀请你们的市长去他们那里访问的时候，你们的市长拒绝了他，他说他不会接受一个对着自己同胞的尸体还吃着他们的肉还跳着舞的野蛮民族来访问的。你记得吗？请问你们怎么解释你们对其他民族的友好？”

这个问题问得十分尖锐，加拿大总理克雷蒂安无奈地对这个问题再次进行了解释，他略带悲伤地说道：“我们已经六次向国际奥委会对这个事情做出检讨了，今天在这里我是第七次，我向大家郑重地表示道歉。”

多伦多作为我们强有力的竞争对手，在这样的时候出现这种问题，从另一方面来说，就等于是增加了我们胜利的筹码。这让我想起了一句话：“言多必失。”

莫斯科时间 13 点 15 分左右，第三个申办城市加拿大多伦多陈述完毕。

通往出口的楼梯被加拿大记者们堵了起来。多伦多代表从记者中挤出来，有几个代表已经开始和身边的记者交流起来。代表团中的那个土著人酋长，成了媒体追逐的对象，可那位把自己的手杖送给萨马兰奇的土著人，面对一群记者的围追，一言不发，从记者的包围中挤出去，直接往楼外走去。有十几位记者锲而不舍地跟着酋长追出大门，眼看着他上了大轿车，仍然一无所获。

看完多伦多的陈述之后，已经是中午一点多了。我们三人赶紧谈了谈各自的看法，虽然他们各有亮点，但同北京相比，我们自觉还是有很大的把握。上午三个代表团的陈述并没有给我们制造太大的压力，他们并没有到星光闪耀的地步：首先是他们控制时间能力较差；其次就是在提问阶段，他们多少都碰到了些难题，如日本大阪的地震问题，多伦多人对非洲人的看法等。坐在屏幕前看了一上午，不仅没有累的感觉，相反我们的心情都比较愉悦。王伟秘书长长长出了一口气对我说：“这下好了，你也不必再修改PPT了。”接着他就和廖秀冬女士一起赶去和陈述大军会合。

愉悦之后，接踵而来的是沉重和紧张，毕竟下午三点就要轮到我们北京了，练兵千日，用兵一时，经过无数个昼夜的冲刺，我们终于来到了最后，我们终于跑上了最后一圈。

我们来到了2002房间，大家匆匆忙忙一起吃了盒饭，吃完饭，我赶紧回到房间换衣服。这也是我来莫斯科后第一次穿上西装，找出那条最鲜艳的领带，系好，接着，赶到楼下，上了大巴。除陈述团成员外，大家都在中国驻俄罗斯的大使馆电影院大厅看北京代表团的陈述直播。14点20分，我们已经坐在电影厅里焦急地等待着北京陈述的开始。

5. 最后出场的竟然是匹“黑马”

为了有的放矢，我把北京精彩的叙述放到后面一章，先来讲讲7月13日最后一个出场的伊斯坦布尔。

伊斯坦布尔是第五个出场的陈述城市，对他们的陈述，我关注的并不太多。事实上，伊斯坦布尔最后的表现还是令我刮目相看，甚至可以用“惊艳”来形容。虽然他们取得了出乎所有人意料的结果，但说实话，他们整个陈述过程，包括他们的申奥短片，几乎没给我留下什么特别的印象。当然不是我对他们有偏见，也不是说他们的陈述不精彩，而是因为在此之前，我一直注视着我们自己陈述时的多媒体演示。45 分钟的“漫长”跨度中，我耗费了自己几乎全部的精力。因为过于亢奋，等我们的陈述一结束，我整个人就垮下来了。精神高度紧张后我发现自己无论如何也不能再把注意力拢到一块儿，伊斯坦布尔的陈述我简直无法安心地看上一眼，只想等结果，只想等伊斯坦布尔的陈述结束之后，立刻投票。

7 月刚过，五个城市代表团陆续赶到莫斯科，等五个代表团齐聚莫斯科后，大家都按照自己心中的实力表给五个申办城市排了个序，北京当然是第一，巴黎和多伦多的代表恐怕不这么认为，最后一名自然就是伊斯坦布尔。做出这样的排序，根据的还是城市的实力和声望。可谁也没有料到，不被所有人看好的伊斯坦布尔，最后一个出场的伊斯坦布尔，没有在陈述中耍花样讨委员们喜欢的伊斯坦布尔居然在最后一跃成为“黑马”。

后来，我和朋友们一起回忆起北京胜利的那个激动人心的时刻，总是心有余悸，这个“余悸”就是伊斯坦布尔。伊斯坦布尔是土耳其最大的城市。曾经在 1993 年同北京一起申办过第 27 届奥运会，不是“冤家”不聚头。它第二次申办，又碰到了北京。第一次北京和伊斯坦布尔是难兄难弟，双双败北，这次又站在同一个讲台，去争取唯一的名额，在结果没出来之前，大家都是对手。可说实话，考虑到实力的问题，大家并没有把伊斯坦布尔看得太重，从城市规模和举办大型运动会的经验以及国际呼声等方面去考虑，伊斯坦布尔无法和我们北京抗衡，在很多人看来，它甚至和巴黎、多伦多、大阪都有一些差距。可为何最后的结果并不像人们意料的那样呢？

让伊斯坦布尔从“菜鸟”变成“黑马”的正是土耳其的国际奥委会委员埃尔戴姆（Sinan Erdem）。在7月13日这个举世瞩目的国际奥委会会议开始之前，埃尔戴姆凭借自己国际奥委会委员的特殊身份，给其他国际奥委会的委员——也就是他的同事写了一封信。当时，国际奥委会规定申办城市的官员不能到其他国家去宣传自己国家的申奥，不能会见其他国家的国际奥委会委员，但申办城市所在国家的国际奥委会委员会见其他国家的国际奥委会委员则不受限制。为此，我们国家的三位国际奥委会委员何振梁、于再清、吕圣荣在整个申奥期间，足迹踏遍了整个地球，见了一个又一个委员，一度成为“空中飞人”。

埃尔戴姆在那样的环境和时刻下，写这样一封信，目的很明确，就是为了拉票，为伊斯坦布尔做出属于自己的贡献。但令所有人想不到的是，那封信基调不仅不激昂，相反，他写得很悲观、很低调。他在信中说：“我知道伊斯坦布尔不会获胜，但我希望同事们能在前几轮投票给伊斯坦布尔，到最后一轮时才投票给自己心目中的城市。”

一个知道自己肯定会面对失败的城市还是勇敢地来到莫斯科，来到申办奥运会的陈述台上，其精神多么让人感叹，其行为又多么让人感伤！“不要让我们输得太惨，请求你们在第一轮把票投给我们，这样我们就有了下一次继续申办奥运会的动力。”人是有感情的，面对这样一封信，无论是谁，多多少少都会对伊斯坦布尔表示同情。埃尔戴姆这么做有点像中国古代兵法中说的“置之死地而后生”，“示弱者才能成为最后的强者”。埃尔戴姆还在那封信中说，这么多年，伊斯坦布尔人民一直在建设奥运场馆，政府也很支持，假如这次败得太过火，太丢人，很多设施怕就要停工了，很多的土耳其人民就无法享受到奥林匹克给他们带来的阳光了！

埃尔戴姆这一招“大慈大悲掌”出得太漂亮。果然在7月13日还没有来到的时候，就已经有许多情感派的委员们动摇了意志，改变了初衷，决定在第一轮把票投给这个“希望不要输得太惨的城市”。尤其是欧洲的那些奥委会委员，有些人被悲情伊斯坦布尔深深触动，临时决定把自己本来要在第一轮投给北京的票，改投给伊斯坦布尔。埃尔戴姆的情感攻势太突然，也出乎了我们的意料，让对前途最为乐观的我们，也不由开始担心起来。

后来何振梁先生说，当时他与意大利委员贝斯康迪（Mario Pescante）交谈的时候，贝斯康迪表示90％的欧洲委员会把票投给中国。意大利的委员中，中格兰迪、辛匡塔以及他自己都没有问题，只有迪珊塔（Manuela DiCenta）难以说服，她将会把票投给多伦多，支持多伦多。其实这个卡拉罗是支持北京的，正是因为她被那封略带悲壮的信打动了，所以，她可能会在第一、二轮中把票投给伊斯坦布尔。

同迪珊塔委员一样的，还有希腊委员尼科拉乌（Lambis Nikolaou），他可能在前两轮投票支持伊斯坦布尔。这些委员对北京非常友好，也很看好北京，他们投给伊斯坦布尔的完全是感情票，因为他们相信，即使自己把票投给了伊斯坦布尔，最终获得举办权的城市也不可能是伊斯坦布尔，他们这样做只是为了不让伊斯坦布尔“输得太惨”。

一个委员这么想，两个委员这么想，如果很多人都抱着第一轮投票无所谓的话，真把伊斯坦布尔推举出来，也不是不可能，而且这种事情在奥林匹克历史上也不是没有发生过。

1991 年盐湖城在申办冬季奥运会时，出乎所有人的意料，在首轮就差一点被淘汰。当时就是因为很多委员出于对萨马兰奇的友谊，在第一轮投票时，把宝贵的一票投给了毫无获胜希望的西班牙候选城市哈卡。当时的委员们也是这样想的，即使我把这一票投给了哈卡，哈卡也不会最终获胜，结果差点让最有实力的盐湖城第一轮就折戟沉沙。

伊斯坦布尔的“悲壮信件”事件，让所有人都看好北京这个格局，多少有些变动，一时间，我们开始把目光从巴黎和多伦多身上转移到伊斯坦布尔身上。

我们一起来看看伊斯坦布尔人的陈述吧。

伊斯坦布尔代表团的讲话充分体现了他们锲而不舍、连败连战的韧劲和不服输的民族性格。他们的代表说，他们会为申办奥运坚持不懈地努力。伊斯坦布尔代表团陈述人说：“我们是单一的奥运村，而且我们还支持这样一个帮助整个年轻人，帮助整个世界遗产的计划，这正是伊斯坦布尔能给世界提供的。我希望在困难的工作当中取得成功。我给大家讲一下我心里所想的，2008 年是我们国家奥委会的 100 周年，我有幸作为它的主席，因为我们是在 1908 年设立的，到 2008 年，正好是我可以光荣从奥委会退休的时候。”

伊斯坦布尔市长的陈述引起了现场的一片轰动，制造现场轰动的正是来自世界各地的记者。刚开始，伊斯坦布尔市长的陈述乏善可陈，像其他城市的市长一样，他也就伊斯坦布尔市的体育、文化和环境问题做了些简明扼要的介绍。他说土尔其政府为申办奥运会投入了大量资金改善城市交通和环境，改善居民居住条件，并建设了近 1000 万平方米的绿地。

随后，伊斯坦布尔市市长的发言忽然打出了一枚令记者们眩晕的糖衣炮弹。他说，如果伊斯坦布尔能够申办成功，那么他们将会充分考虑到记者的衣食住行，为了方便记者，伊斯坦布尔市将会在奥运村附近修建可供 1 万多名记者入住的记者村。从记者村到奥运村步行只需要 3 分钟。他当众许诺："如果伊斯坦布尔获得 2008 年奥运会主办权，将为每个国家和地区的每一名记者免费提供食宿。"

我在大屏幕上看到不同肤色、不同国家的记者齐声为这个伊斯坦布尔的市长大声欢呼时，隐约意识到：这次，最不被看好的伊斯坦布尔靠着那封信以及向记者送出的"玫瑰花"，有可能要成为这届申奥陈述会议的一匹惊天"黑马"了。

伊斯坦布尔的陈述一结束，我心跳忽然加速，往椅子上一靠，闭上眼睛，调整一下心情。在国贸大厅的偌大陈述现场，委员们面色凝重，有些人在私下讨论陈述城市的表现……第一轮投票马上就要开始了。

第八章

我们是北京

1. 北京排在第“4”出场

7月13日莫斯科当地时间14点刚过，穿着灰色西服的北京市市长、奥申委主席刘淇笑容满面地从莫斯科金环饭店门口刚刚走出来，就有一名中国记者冲上去问了一句：“请问市长，我们陈述工作准备得怎么样了？”刘淇自信地回答：“当然是非常好！”在刘淇身后是统一穿着红色西服的北京申奥助威代表团的五十名成员。

北京代表团乘坐专用大巴，前往国贸中心参加下午的陈述。临出门时，北京代表团留守的其他成员向出发的同事们握手告别，互相祝福，一时金环饭店门口的气氛立刻变得紧张肃穆。

我们集中坐车到了大使馆的电影厅后就没再出来。后来才知道，我们进了大使馆后不久，北京陈述代表团进入陈述现场时，莫斯科天空忽然下起了大雨，很突然的大雨。那场突如其来的伴着北京代表团入场的暴雨在平时的莫斯科极为少见，加上早晨从北京那边传来的消息说，北京也下了场大雨，我们所有的人都为此感慨，我们开玩笑地说，我们中国人是龙的子孙，这次来到莫斯科算是“真龙”现身了。

北京“真龙”伴着风雨准时出现在了陈述现场。

下午两点半左右，身穿红色西服的奥申委副主席蒋效愚满面春风地出现在陈述现场的外大厅；紧接着，李岚清副总理在北京奥申委秘书长王伟的陪同下从大厅安全检查通道的另一侧进入大厅，等待了整整一个上午的中国记者，一直在看巴黎、多伦多、大阪的记者们在神采飞扬地拍摄着他们的代表团，这次他们终于有机会展现北京记者团的魅力了。在李岚清副总理身后，挤着一群情绪饱满的中国记者，一时闪光灯把大厅映得耀眼异常。

快到三点的时候，我和其他同事一起在看转播用的大使馆电影厅百无聊赖时，北京申奥代表团还没有进场，我们坐在那里，专心致志地看起了CCTV5频道的转播视频。CCTV5正在播放预先录制的何振梁何老的一个镜头。他在台上说明此次申奥表决投票的一些细则。何振梁先生讲到这次中国排在第四位出场，他连续好几句都提到了“4”这个数字，说如果一个城市被淘汰了，那还剩下“4”个城市，要接着投票等。

当时我对身旁的北奥广告公司的老总陈少云说，“如果用英文来解释，这个‘4’也没什么不好。这句话用英语表达就是“Four China”，“Four China”读起来是什么，那就是“For China”，不是For别人，言下之意，这就是为咱们中国专门举办的会议啊。所以说这个第四绝对是个好兆头，相信我！我们说了许多，但都是给北京贴金的“4”字箴言以上所说当然都是真的，那天关于“4”这个数字成为我们一个挥之不去的话题。说实话，这个在中国人看来最不吉祥的阿拉伯数字，在申奥现场却有着许多惊人的巧合，又有许多意想不到的惊喜。

说到此处，陈少云突然对我说，他的生日就是4月4日，我半信半疑地朝他伸出了手——因为我的生日也是4月4日。如果把我的生日是“4月4日”和第4个出场联系在一起去看，还有些牵强的话，那我的生日1956年4月4日，在随后的投票中把我再次引入无限的惊叹和感慨中。关于投票和“56”“44”这些具体数字的关系，我将在后面的章节里提到。不过，对我来说，我第一次发现自己的生日在特殊的场合竟然有着如此特别的意义。那种个体和奥运因为某个巧合的数字而联系在一起的喜悦冲击着我和少云这些人。也许我们过于紧张，也许在那种举世瞩目的现场，一切小事都会被我们无限放大。不过，直到现在，我去回想那些数字，那些数字和人的巧合，我还是有着强烈的兴奋感。那些数字和巧合给我们带来了诸多自信，一切都表明：我们中国一定能赢，实力我们具备，而种种吉祥的征兆同样启示着我们：我们具备了中国人所说的天时、地利与人和三种因素，我们所有人都相信，2008 这朵奥运之花最终会落土中华大地——这个百年来中国人对奥运期盼的梦想，就要在今天成为现实。

一句话，奥运会是全人类的，是全中国的，是全北京的……

同时，奥运也是每一个人的，是你的，是我的，是他的，是车流滚滚之中任何一个陌生人的。

2. 看不到的“48 秒动画”

2001 年 7 月 13 日下午 3 点钟，略带疲惫的萨马兰奇主席坐在主席位置上宣布“Next is Beijing”的时候，我坐在中国驻俄罗斯大使馆电影院的大厅里，紧张地收看现场直播。

通过大屏幕的直播画面，我看到现场里有很多国际奥委会的官员还站在那里三三两两地交谈，没有回到自己的座位上。现场的情形跟我们当初预设的情景完全一样，看来那精心设计的48秒动画片要发挥它的作用了。眼见北京代表团入场了，我有些疑惑，心里默默地念叨着动画片、动画片，这时，我就听到了熟悉的旋律——动画短片开始了。因为机位选择和导播的原因，屏幕上没有直接看到动画的画面。直播画面一直是北京代表团走进陈述大厅的场景，但配合着代表团进场的声音是那熟悉得不能再熟悉的48秒动画片的音乐，我知道精彩的48秒动画已经开始在现场跳跃起来了。在现场的大屏幕上，委员们都能看得到那变幻莫测的五种颜色组成的各种运动。伴着精心设计的激昂清澈的音乐，伴着那设计新颖亲切的动画短片，李岚清同志带领着我们的16个陈述人员踏着凯旋音乐的节奏，迈着坚实的步伐地走上了前台。听着音乐的进程，我心中暗自揣摩着，此时现场的大屏幕上，那代表中国人民对奥运精神期待的五彩运动图案在音乐中翩翩起舞，紧接着它们将要汇成一个美丽的北京申奥标志。

陈述人员在陆续就座。

现场里那些站着的或者离开自己座位的奥委会委员早已在动画播放时安静地坐在自己的座位上了。

一切都按照我们事前预想的那样，有条不紊地展开了：48秒的动画音乐过去，陈述团准时在台上整齐地坐了下来，现场一片严肃，北京代表团来了！这个时候电视屏幕上出现的已经是我们申奥的会徽了。镜头一切，再看场地里面，所有的国际奥委会委员也都坐下来了。48秒动画给我们带来了多么大的收获，此时，会场一片安静，所有人的注意力都被集中到主席台上那一排北京陈述代表团成员的身上。在镜头中，我们可以清楚地看到代表团成员们每个人的眼中流露出强烈的自信，我分明听到一个声音在现场呐喊："奥运，2008，北京，是的，我们是北京，我们又来了！"

眼见现场的陈述按照既定程序平稳地进行，我却莫名其妙地紧张了起来。我在担心负责后台操作的周旭辉和喻红，生怕他们俩会出一点儿差错，毕竟这个环节才是我最关心的、最熟悉的、投入感情最多的一块。

当时，我们一共有四个技术人员来到莫斯科，后来奥组委经过细致分析和研究决定，从我们四个人当中选择出周旭辉和喻红去陈述现场后台实际操作 PPT。在排练阶段，喻红因为有事在身，不能够如期参加我们的排练。在排练现场的我很着急，后来我想了一个"笨办法"：在陈述的文字稿件上，按照语速和稿件上的内容，在每一个应该切换片子的英文字母前面打上一个钩。这样，喻红在具体操作时，看着这个符号，就立刻切换到下一张。这个土办法收到的效果非常好，加上他们俩非常敬业，"7·13"之前的最后一次演练，两人的操作非常成功，让我们感到很自信。

可在那样紧张的氛围中，我又有了另外一种担心：那就是如果他们没有把稿子熟背下来的话，就可能会一边看稿子，一边操作演示稿。这样做的不利之处就是不能专心致志地看着主屏幕、看着现场。这样在实际操作上以及对突发事件的应对能力上，可能会出现一些问题。因为屏幕上演示的内容和稿子之间是有关联的，操作者是左手拿着稿纸，右手握着键盘，走一张就要轻轻点击一下鼠标，如果一旦不慎，不小心连续点击两下，那整个屏幕的秩序就会变乱，甚至整个播放次序就都会被打乱。在排练的时候，我要求喻红尽量能够把手上的稿子和这关键的几个人的陈述词背诵下来，在脑子中把多媒体演示稿和具体的文稿清晰无误地对应下来。事前的演练证明，他们二人对这份重要的工作把握得非常好，可我还是多多少少有些担心。我脑子绷得紧紧的，甚至后悔没有多进行几次排练。我真希望是自己去操作。

长期从事电视行业的人知道，电视编辑的出点和入点不会是固定不变的。画面和声音的同步看起来很容易，但在实际操作过程中，操作者是不能看着画面再去做动作的，这样就可能会晚一些。要做好这个切换十分不容易，你甚至要摸清陈述人说话的风格、语调和习惯，要根据他的呼吸提前半拍或者落后半拍操作。如果操作得很完美的话，视频和人物陈述配合所产生的效果就会像好莱坞剪的片子一样。我们对自己的要求是务必要把陈述现场和多媒体演示同步得尽善尽美、天衣无缝，我们要齐心协力完成一场很完美的演出。为了完成这样一个高质量的同步，我看了几十部电影，试图从电视电影的剪辑里寻找到方法和技巧，事实结果证明，这一点我们真的做到了，就像电影那样准确，打个比方来说，就好像电视画面中的人轻轻搂动一把枪的扳机，而旁边的音响就“砰”发出了一声枪响。

除了同步这个问题之外，还有许多问题让我担心。在莫斯科准备的那几天，能想到的问题我都想到了。比如电脑中毒了怎么办？电脑硬件出问题了怎么办？为了应对这两个突发问题，我们在现场运作的两台 IBM 机器都是全新的，里面除了演示用的文件之外，一个多余的文件都没有放进去，电脑的“桌面”上是白茫茫的一片，十分干净，而且最后我们定下的方案是两个机器在现场陈述时，要并行操作，随时准备在出现意外的情况下做切换！

在排练的时候，我还想到一个很重要的问题，那就是 PPT 放完了怎么办？按照常规的节奏，PPT 放完了，屏幕是漆黑的一片，那将会是一团糟的局面；同时如果操作人员不小心，在放映完了，习惯性的再按一次鼠标，那还是漆黑一片。为了避免这个问题的发生，我又特意把最后一张 PPT 重复了三张放在那里，这样的话，如果一旦不小心按了鼠标或键盘，但大屏幕上显示的还是最后那一张 PPT，坐在台下的委员们是看不出来的。在最后陈述的 3 组 PPT 中间，我都加入了这样的防护，效果非常好，我不知道大阪、巴黎他们有没有采用这样的方法，至少在我们北京方面看来，所有细节问题都必须要考虑到，我们的要求不是说百分之多少的把握，而是力求万无一失。

北京代表团陈述那天的正常顺序是首先由何振梁先生主持北京代表团的陈述，然后是李岚清同志发言，李岚清同志陈述完之后是刘淇市长陈述，刘淇市长之后是袁伟民主任，袁伟民主任陈述完以

2001 年 7 月 13 日，国际奥委会第 112 次全体会议在莫斯科举行，根据会议议程，大阪、巴黎、多伦多、北京和伊斯坦布尔 5 个申办候选城市依次进行陈述后，由全体国际奥委会委员使用电子设备进行无记名投票，确定 2008 年奥运会举办城市。

后，就立即切入我们的第一个宣传片。我记得那片子的第一句话就是 1984 年在洛杉矶奥林匹克运动场，走进了中国的奥运队伍，这是中国重返奥运会的第一次。

之后的第二段是楼大鹏主任和王伟秘书长的陈述，王伟秘书长陈述过后出现的是第二个片子，那就是《新北京　新奥运》。

之后是运动员代表邓亚萍和杨凌的陈述，过后便是杨澜的精彩陈述。杨澜陈述完之后是何振梁先生的发言，再之后便是申奥短片《万众期待》，这个片子有着很强的视觉冲击力，可以在最后阶段给观众带来巨大的震撼。上面这些陈述的程序我已经烂熟于胸，知道多了反而更紧张，坐在大使馆的电影厅里，我丝毫不觉得轻松，脑子高速运转，反复地在想，我们哪些地方可能会出现问题，哪些地方从我自己角度出发并不感到特别有把握。

48 秒的动画很精彩，但可惜出于对代表团的尊重，出于现场转播的需要，收看转播的中国电视观众并没有看到这个短片，但它所发挥的巨大作用却是谁也不能抹煞的，“随风潜入夜，润物细无声”，这恰恰是那鲜为人知的 48 秒动画的作用。动画短片一结束，北京奥申委主席何振梁先生首先用流利的法语开始了我们的陈述：

主席先生，亲爱的同事，今天我谨代表我的祖国和对这次会议充满希望的 13 亿人民，荣幸地介绍北京第二次申办奥运会的情况。自第一次申办 2000 年奥运会后，八年已经过去了。在此期间，我们国家在现代化发展和社会进步方面取得了巨大进展。正如评估团所评价的，北京有能力举办一届出色的奥运会，北京的奥运会将为中国和体育留下一份独特的遗产。

在我的右侧落座的是北京代表团，他们将向您陈述我们的申办。

首先我向大家介绍的是中华人民共和国副总理李岚清先生，他是中国最高领导人之一，是奥林匹克运动的好朋友。

现在有请李副总理。

3. 李岚清副总理的陈述

按照事先定好的进程，何振梁先生介绍完之后就该李岚清同志做陈述了。

李岚清同志是代表中国政府向大会作陈述发言的，他的陈述词的立场就是从官方角度出发的，定的高度很高，又针对奥运主题，我们形象地称之为“两专”：“国家之专”和“奥运之专”。李岚清同志为了他的这份陈述稿，自己亲自动手，亲自捉刀，改了一遍又一遍，一言一字都花费了巨大的心血；和他的陈述同步的 PPT 则是我一手策划的，包括最后的制作，对一些图片的选取等。

其实，关于申奥陈述的 PPT，到了莫斯科之后，一直在作细节和文字上的调整。当时，有一个策划详细地阐述了我们调整的方向，策划中有这样几个最重要的观点：第一个观点就是我们每个人都在讲的奥林匹克需要中国，需要中国的具体原因是北京的经济和政治优势，同时中国又是 13 亿人口的大国，奥林匹克如果能在北京成功举办，其意义自然是不言而喻的。此外还有一条是江泽民主席提出来的：中国的改革开放取得了巨大的发展，这需要世界认同，而世界认同中国的方式就是让奥林匹克运动会在中国成功举办。此外关键点还涉及了经济发展与精神文明建设的需要、中国人对体育的渴望和追求等，基于以上几点，再加上对李岚清副总理陈述词的反复揣摩和理解，我最终设计出了与总理陈述词相匹配的多媒体演示。

录李岚清副总理的陈述词如下：

Mr. President,

IOC members,

Ladies and gentlemen,

On behalf of the Chinese government, I wish to reaffirm that our Government stands firmly behind Beijing in its bid for the 2008 Olympic Games.

The Chinese Government respects and appreciates the conclusion reached by the IOC Evaluation Commission. We have worked out a plan accordingly to ensure an excellent Games in Beijing.

The Chinese Government will honor each and every commitment it has made in Beijing's Candidature File and will do whatever it can to assist Beijing to fulfill its promises.

China embraces the Olympic spirit and has always been a staunch supporter behind the IOC initiatives.

Over the past five decades, thanks to, among other things, the nation-wide "fitness-for-all" sports campaign, our people's health has been greatly improved, and the average life expectancy has increased from

35 years to 70. Our athletes have been doing quite well in the sports events organized by the IOC.

To further promote the Olympic spirit, China has also helped other developing countries with their sports facilities. For instance, we have helped them build 36 stadiums. And we will continue to do so in the future.

Ladies and Gentlemen,

I wish to take this opportunity to pledge to you that if there is a surplus in the Games revenue, we will use it to set up an Olympic Friendship and Co-operation Fund for financing sports undertakings in developing countries. If there is a deficit, the difference will be covered by the Chinese Government.

China has been one of the fastest growing economies in the world over the past 20 years since its reform and opening-up. It has enjoyed continued political stability, social progress and economic prosperity.

An Olympic Games in Beijing will not only serve the interests of the Chinese people, but also promote the Olympic spirit and contribute to peace and friendship, stability and development in the world.

Many people in the world have a dream that one day they could come to China and visit Beijing. My fellow countrymen, for their part, share a strong desire to stage an excellent Olympic Games in Beijing, which, as they see it, is a great contribution to the Olympic Movement. I therefore hope, from the bottom of my heart, that you, distinguished IOC members, will help them realize their long-cherished aspirations.

Chinese sage Confucius says, "Is it not a delight after all to have friends come from afar!" Indeed, it is our delight to welcome all guests with open arms in Beijing in the year 2008. I am sure you will have a great Games in Beijing.

Thank you!

中文译文为：

尊敬的主席先生，尊敬的国际奥委会委员，女士们，先生们：

我谨代表中国政府重申，我们坚决支持北京申办2008年奥运会。

中国政府尊重并赞赏国际奥委会评估团所做的结论，我们已经制订了详细的计划，确保在北京举办一届成功的奥运会。

对于北京申办过程中所做出的每一项承诺，中国政府都是支持的，而且将尽一切努力协助北京兑现其承诺。

中国崇尚奥林匹克精神，一贯坚定地支持国际奥委会各项动议。

在过去的五十年中，全国性的“全民健身活动”使中国人民的健康水平得到了很大的提高，人均寿命从35岁提高到70岁。另外中国运动员的运动水平也在逐步提高，他们在国际奥委会主办的体育赛事中表现得很出色。

为进一步弘扬奥林匹克精神，中国在体育设施方面给予发展中国家很大支持和帮助。例如，我们曾帮助发展中国家建设了36个体育场馆。

女士们，先生们，我谨借此机会向你们保证，如果北京奥运会有盈余，我们将用这盈余建立奥林匹克友谊合作基金，用以资助发展中国家体育事业的发展。如果出现财政赤字，中国政府将予以弥补。

改革开放的20年，中国成为世界经济发展最快的一支力量。中国的政治稳定，社会进步，经济繁荣。

北京奥运会不仅符合中国人民的根本利益，而且将进一步促进奥林匹克精神的弘扬，促进和平与友谊，促进世界的稳定与发展。

世界上有很多人都有一个梦想，希望有一天能到中国、到北京来，我的同胞们渴望着在北京举办一届将会对奥林匹克运动做出巨大贡献的伟大的奥运会。因此，我从心底希望你们，尊敬的国际奥委会委员们，帮助他们实现这一长期的愿望。

中国的一位圣人孔夫子说过："有朋自远方来，不亦乐乎！"确实，我们期待着在2008年在北京张开双臂欢迎各位的到来。我保证，北京的奥运会将是一届伟大的奥运会。

谢谢。

当时，如何把李岚清副总理的陈述变成富有创意和激情的PPT，我反复思考过许多次。毕竟李岚清副总理代表的是中国政府，配合他陈述用的演示稿就必须要慎重再慎重，精致再精致，每一张图片的嵌入、每一个重点句子的选取、每一个英文单词的措辞都让我思量再三。

给李岚清副总理做PPT还发生了一件事情，这件事情也许在许多人看来不值一提，但李岚清副总理不这么认为，这件小事给我触动很大，也直接影响了我制作的主题演示文稿。

李岚清副总理的陈述词中有这样一段："在过去的五十年中，全国性的'全民健身活动'使中国人民的健康水平得到了很大的提高，人均寿命从35岁提高到70岁。”为了配合这一段文字，我们费了很大力气去找图片，想用图片来表达中国人全民健身的成果，我发动许多人去找，最后还真找来一幅图片。这幅图片曾发表在《人民中国》杂志上。估计很多人对这张图片都有印象：是一个老头带着一个孙女开心地蹲在天安门城楼的大门下的照片。照片上老人的笑和孙女的笑，谁都能看出是发自内心的笑，是一种自然的笑，没有任何矫揉造作。

我们当时看到这张照片都以为这张照片照得非常好，嵌在演示文件中非它莫属。后来我把这张图片连同修改好的PPT亲自送到李岚清副总理那里，给李岚清副总理做同步排练，李岚清副总理看了之后，当场就说，他对这张图片不是太满意。为什么副总理会对这张图片有“看法”？直到他说出来，我才明白过来。图片中的老人笑得开心不假，笑得自然也不假，可问题在于他中间的两颗门牙掉了，到了岁数的老人掉牙齿是常见的，甚至更能显示出照片的自然来。李岚清副总理说，确实，这张照片中的爷俩儿很精神，照得也非常好，把老年人的可爱一面都表达出来了。但他的两颗牙齿掉了，这就不太好了。这说明我们有许多人不注重对牙齿的日常护理。爱护牙齿是一个生活习惯，也是健康的一个表现，一个国家全民健身其实就应该注重护理牙齿这样的小细节，如果国际奥委会的委员们注意到这个细节，反问我们，那就不太好了。

我仔细一看，回到奥申委仔细一想，确实，牙齿掉了确实可能会被西方评委误解为“不健康”。但这张照片实在太有魅力，它把中国传统建筑和人民的情感和谐地表达出来，我们实在不忍心放弃它。

回去后，我们赶紧找来最好的技术人员，让他用 Photoshop 把老人的两颗牙齿补上。技术人员补得非常好，如果第一次看到这张图片的人，无论如何也看不出来老人的牙齿是用电脑软件补上去的。我们把修改后的图片再次送给李岚清同志。他看了后，对我们说，我们不要作假，还是换一张照片吧。

这件事对我触动很大，经常听周围的人说实事求是，要一切从实际出发，真正遇到这件事，我才知道什么叫真正的实事求是。副总理的 PPT 中每一张图片都是真实的。讲到援助非洲建设的体育馆，背景就是在非洲拍的体育馆，一点都没有作假，说的和做的一样，做的和播放的一样，把最真实的一面展示给世界，我想我们确实做到了。

后来，这张老人和孙子的图片就换成了一组老年人晨练时在打太极拳的图片。事实证明，这组图片选取的同样很成功，它引起了当时在场的所有委员的兴趣，毕竟对于他们来说，太极拳、武术一直被西方人看来是中国特色之一，是最富有魅力和传奇性的“全民健身”。

有了这个小插曲，我就明白了副总理的演示文稿应该怎么做，比如上面说到的非洲建设体育场馆的事，当时为了寻找那几张真实的图片，我花了许多工夫，最后从外经贸部援外司那里找到这些“珍贵”的图片，才最终把真实的非洲场馆图片嵌入演示文稿中。

7 月 13 日那天，李岚清同志第一个出场，陈述得非常成功。他陈述用的是英语。整个四分多钟的陈述中，李岚清副总理对英语发音的准确把握，陈述语言的流畅程度，令在座的各位委员大为惊讶。有些人见识过李岚清副总理的英语水平，只能再次咂嘴称赞；但现场更多的委员是第一次听李岚清同志的报告，他们无论如何也不敢想象作为中国的副总理，作为中国的国家领导人，他的英语水平和素养会是如此的高。现场直播有几次切到奥委会委员们的近镜头，我可以清晰地看到委员们惊讶的神情。我们的副总理、我们的李岚清同志一出场就把“北京水平”给烘托出来了，李岚清同志的亮相可谓是令人“叹为观止”！

伴着李岚清同志的陈述，PPT 要同步进行播放了——这才是我最关心的。

我仔细看着李岚清副总理身后的大屏幕，当他讲到“中国‘全民健身运动’推行 50 年后中国人的平均寿命由 35 岁增长到 70 岁”时，还加了一句：“事实上，我也是‘全民健身运动’的受益者！”我看到了屏幕上出现了一张我特别加进去的李岚清副总理打网球的照片——好，太好了，现场同步了，没有问题了！接着，现场同步如同水银泻地一样流畅，没任何问题，我的担忧完全是多余的：当李岚清同志说到中国帮助其他发展中国家，完善其体育设施，例如我们已经帮助非洲建设了 36 座体育场馆，我们今后还将继续这样做时，后方的屏幕上出现的是 36 个场馆的画面；当他讲到过去 20 年改革开放的过程中，中国已经成为世界上经济增长最快的国家之一时，屏幕上出现的是一条 GDP 增长的曲线。

那条熟悉的曲线让我感到自信心倍增，心中又十分得意。为什么？因为配合陈述用的那条曲线是按照人民币做标值的，所以 GDP 曲线是一直往上的。而在 1993 年的时候，人民币兑换美元的汇率经过了一个从 1 比五点几到 1 比八点几的过程，如果用美元做标值的话，那个曲线就会出现一个下滑的波段，这样的话曲线也就不好看了，最为关键的是，它不能正确地体现我国经济快速发展的客观事实——毕竟这些设计都是我的主意，在那种场合看到自己设计出的作品，看到自己的创意借助这样一个平台，向全世界展示，心中自然会平添许多豪情。

演示文稿和现场的陈述就像是同一个人完成一样。同步了，没有问题了，一切都顺利地往下进行，大屏幕里流畅的画面让我会心一笑。我往椅背上一靠，心情顿时开朗。说实话，自进入奥申委以后，我始终处在巨大的压力中，从来没有感觉到那一刻的心清如水，从没有感到面对奥运还可以平静自得。我一直担心的同步问题，被我们操作得那么好，像一杯温茶一样，一点一点滋润着现场的每一个人的心，现在回想起来，那种期待已久的流畅真是让人感动。

很快，我好不容易才静下来的心，又开始紧张起来。我接着为杨澜陈述时火炬接力的那段多媒体演示担心起来，毕竟那段演示文稿在整个 PPT 设计中是重中之重，难中之难。

4．让我们共享这份独特的遗产

按照顺序，第二个发言的是北京奥申委主席、北京市市长刘淇。

值得一提的是刘淇市长在申奥时为了这次陈述所下的苦功：努力学习英语。由于国际奥委会的官方语言是英语和法语，因此，奥申委的工作人员，尤其是陈述人员至少会说英语和法语中的一门，可刘淇同志学的却是俄文。刘淇在赴俄罗斯前，学英语可谓是到了痴迷的程度。当时他政府公务和申奥工作两边忙，事情很多，几乎没有时间去学习外语；同时，以他那样的年龄去学习一门外言，难度也是非常大的，毕竟学习一门语言不是一朝一夕的事情。然而让人感叹的是，为了顺利陈述申奥，刘淇利用一切闲下来的时间，突击学习英语，真的把“不可能”变成了“可能”。

在申奥进入最后关键阶段的时候，刘淇甚至将办公室从市政府搬到了奥申委，加大了学习英语的力度。他每天朗读英语的时间将近一个小时，而且还要背下其中某些段落。到后来，在奥申委的办公楼里，刘淇看见谁就会用英语跟谁说话，要人家听听他的发音是否标准。当时，在奥申委里面有很多英语说得不错的，比如杨澜，她是英语科班出身，又在美国读了几年的书，英语很是了得，刘淇跟她学了不少。我到美国也有近20年，在语言方面也能给他提供一些帮助。还有奥申委本身请了许多外国专家，诸如前悉尼组委会首席执行官、来自美国亚特兰大的一些专家等等。经过一番努力学习，当我们在莫斯科准备陈述时，刘淇市长用英语做陈述报告已经没有任何问题了。

刘淇的陈述词中就有“我们的市民，无论老幼，正积极学习外语，以便以熟悉而友好的语言来欢迎各国来宾。正如您注意到的，我现在正在学习英语”这一句，也许别人听着没什么感觉，但对刘淇本人来说，这简简单单的一句背后却是不懈的努力和艰辛的付出。

当时，在设计刘淇的陈述词时，我们有许多不同的意见，但最后大家一致赞同，让刘淇的陈述词用数字说话。现场的国际奥委会委员很多没来过中国，如果仅仅是浮光掠影地介绍一些北京的发展情况，简简单单地表达一下我们的愿望，可能不会给委员们留下深刻的印象。所以要在他简单的发言里，加入许多数据性的材料，让数据说话，用最直观的数字让没来过北京的那些委员了解北京，记住北京。

录刘淇市长的陈述词如下：

Mr. President,

Distinguished IOC Members,

Ladies and Gentlemen,

New Beijing, Great Olympics reflects our desire to host a great Olympic Games in the new century in a city with ancient culture and modern charm.

The three themes of our bid are: Green Olympics, Hi–tech Olympics and the People's Olympics. Our goal is to spread the Olympic Ideals among our people, especially 400 million young people.

Over 95% of our population supports the bid – because they believe that hosting the 2008 Olympic Games will help raise their quality of life.

Over half a million people have volunteered to assist in any and all Olympic projects. Our citizens, both young and old, are actively learning foreign languages to welcome you in friendly and familiar voices. As you may notice, I am learning English now.

In 1998, we began a 10–year program of 12 billion US dollars to improve the environment. We will use the most advanced and reliable technology for all Olympic projects.

The Beijing Organizing Committee will have full power to comply with all of the obligations of the Host City Contract and to meet all of the needs of the Olympic Family.

We are committed to meet each of the challenges cited in the Evaluation Commission report.

I want to say that the Beijing 2008 Olympic Games will have the following special features:

They will help promote our economic and social progress and will also benefit the further development of our human rights cause.

They will promote an exchange of rich Chinese culture with other cultures.

They will mark a major step forward in the spreading of the Olympic Ideals.

Ladies and Gentleman, I am very confident that Beijing will organize an excellent Games in 2008 and the Games in Beijing will leave a unique legacy to China and to sport. Let us all share this unique legacy together.

Thank you very much.

中文译文为：

主席先生，尊敬的国际奥委会委员，女士们，先生们：

“新北京，新奥运”表达了我们在新世纪里，由一个既有古老文化传统又具有现代化魅力的城市来举办一届伟大的奥运会的愿望。

我们申办的三个主题为：绿色奥运，科技奥运和人文奥运。我们的目标是在我们的人民，尤其是4亿青少年中传播奥林匹克理想。

95%以上的人民支持申办——因为他们相信举办2008年奥运会将有助于提高他们的生活质量。

60万的志愿者随时准备投入到奥运会的所有工作中。我们的市民，无论老幼，正积极学习外语，以便以熟悉而友好的语言来欢迎各国来宾。正如您注意到的，我现在正在学习英语。

1998年，我们开始了一个120亿美元的10年计划，用于改善环境。我们将在所有的奥运工程中采用最先进可靠的技术。

北京组委会完全有能力履行主办城市合同的所有义务，满足奥林匹克大家庭的所有需要。

我们承诺，解决《评估团报告》中提出的每个挑战性问题。

我想指出：北京2008年奥运会有如下特点：

——它将有助于推动经济发展和社会进步，并将有益于我们人权事业的进一步发展。

——它将推动中国文化与世界其他文化的广泛交流。

——它将在奥林匹克理想普及方面，迈出重要的一步。

女士们，先生们，我非常有信心，北京将在2008年举办一届出色的奥运会，并为中国及世界体育留下一份独特的遗产。让我们共享这份独特的遗产。

谢谢。

“共享这份独特的遗产”，这是多么具有气势和雄心壮志的发言！

在刘淇市长短短的500多字的陈述报告中，就列举了“在4亿青少年中传播奥林匹克理想”“开始了一个120亿美元的十年计划”“95%以上的人民支持申办奥运”“60万志愿者随时准备投入奥运会”等具体数字。这些数字给现场的国际奥委会的委员们留下了深刻的印象。尽管他们没有到过北京，但是这些数字已经足够在他们的脑海里搭建起了一个2008年的北京，搭建一个现代化奥林匹克承办城市的风貌。

和刘淇陈述同步的演示文稿同样是我负责的。

在刘淇的演示文稿中，我特意插入了一张照片。这张照片是刘淇同志和一些外国小孩在一起照的，这张照片正是为了配合他的那句：“我们的市民，无论老幼，正积极学习外语，以便以熟悉而友好的语言来欢迎各国来宾。正如您注意到的，我现在正在学习英语。”可以说，当时那几组PPT每一张图片都是费尽心机，都有着特殊的用意。在外人看来，也许就是随意插入几张图片，但在当时，我们每一张图片的选取和最终的嵌入，都进行了细致的讨论，都做了诸多研究，以期能在方寸之间，尽显申奥本色。

5. 精心设计的“奥运盲区”

按照当日各申办城市的陈述规矩，是要派名有影响力的运动员参加陈述的，比如巴黎派出了齐达内；北京这边的运动员代表是四次奥运冠军乒乓球大满贯冠军邓亚萍和两届奥运会的射击冠军杨凌；其中邓亚萍负责主陈述，邓亚萍的陈述词中充满了激情和对体育深厚的个人感情，加上她丰富的国际体育大赛的经验，使得她的陈述受到格外关注。

在设计邓亚萍陈述配套的PPT时，我遇到了一个问题。因为邓亚萍和国际奥委会委员们太熟了，而且她的陈述稿件情感太浓烈了，我一时不知该如何设计PPT，才能表达一个“与众不同”的运动员申奥陈述来。最终，灵感还是幸运地降临了。我在邓亚萍陈述用的PPT里，插入了一幅世界地图，在地图上精心地标注了曾经举办过奥运会的21个城市，到莫斯科后，我还找到我们的外国顾问，反复核对、确认。为什么要这么做？因为邓亚萍独特的个人经历使得她的足迹几乎踏遍了整个地球，为了乒乓球运动征战四海，加上她在陈述中讲道：“我作为一名运动员参加过两次奥林匹克运动会和很多次的世界级比赛，我到了许多国家，得到了各个国家热情的招待。今天请允许给我一个机会，给我一点时间，让我也尽尽地主之谊，让你们享受到中国人民的热情。”邓亚萍的这句话非常有感染力，为了配合她受到各地国家和人民的接待，一心期盼回报这些国家和人民的心愿，我就把这些举办过奥运会的城市圈点出来，通过这个圈点之后的地图我想给现场的委员一些直观的警示：以前二十多届奥运会的21个举办城市大部分集中在北美和欧洲；而在亚洲仅仅只有一个东京和汉城（首尔），当然在澳大利亚墨尔本和悉尼是办过两次，在地图下部的南非和南美都是空白的——这样奥运会的举办地就存在三个盲区：亚洲的东南部、南非和南美。通过这样一张富有创意的幻灯片，一、表达了我们对于奥运会举办城市研究得非常透彻；二、中国这块古老的土地确实需要奥林匹克精神的眷顾；三、这也是最重要的一点，通过对南非和南美“奥运盲区”的圈点，来争取当地国际奥委会委员们的票，假如北京申奥成功了，那说明这两个盲区的国家和人民同样有资格、同样可以申请奥运，举办奥运。

通过别出心裁的“奥运盲区”的圈定，邓亚萍的陈述十分成功。加上在她的陈述里，又讲了“一个小男孩，当他触摸到火炬时，眼睛立刻就亮了”这样一个小故事，使得现场的委员对北京陈述大为赞赏。

录邓亚萍那段激动人心的陈述词如下：

Dear President,

IOC Members, friends,

I am Deng Yaping, 4 time Olympic gold medallist in table tennis. Together with me is my friend Yang Ling who is a 2 time gold medallist in shooting. Today, we are here representing China's athletes and the 400 million Chinese young people.

We know that the Olympic Games have been held in more than 20 cities around the world. Our athletes have enjoyed the friendly welcome of the people in many Olympic cities. We experienced this ourselves as members of the Chinese team in Barcelona, Atlanta and Sydney. We are dreaming of the day when the Olympic Games come to Beijing and we have the chance to repay the world's hospitality.

Let me share with you and my friend Yang Ling an experience I had when I joined the torch relay in Sydney. People were cheering and laughing with great joy. A little boy came up to me. His eyes lit up when he touched the torch. I felt at that moment his life was changed. How wonderful it would be if the Olympic flame comes to China and lights up the hearts of all Chinese young people.

Beijing will be great for the athletes. They will have great venues, a great Village, a new and unique cultural experience – and more fans than you can imagine.

Now we are asking you to give us the chance to personally experience a great Olympics. This Games will be a milestone in Olympic history, and in the history of China. These are exciting times, now I'd like to have my friend to share with you this excitement.

（with Mr. Yang Ling）

We all love the Olympics.

See you all in Beijing.

Thank you.

中文译文为：

亲爱的主席先生，国际奥委会委员，朋友们：

我是邓亚萍，四次奥运会乒乓球冠军。我的朋友杨凌是两次奥运会射击冠军。今天，我们谨代表全体中国运动员和4亿中国青少年，站在这里向您陈述。

我们知道奥运会已经在世界二十多个城市举行过。中国运动员受到了许多奥运会举办城市的友好欢迎。我本人曾在巴塞罗那、亚特兰大和悉尼作为中国代表团的成员亲身经历了这种友好和欢迎。我们梦想着有一天能够在北京举办奥运会，让我们有机会回报全世界朋友们的友好和情谊。

让我与您及我的朋友杨凌分享我在悉尼参加火炬接力时的一段经历，人们高兴地欢笑着，一个小男孩向我走来，当他触摸到火炬时，眼睛一下子就亮了。我能感觉到，在那个时候，他的一生发生了变化。如果奥运圣火能够来到中国，在4亿青少年的心中点燃，那该有多好啊！

北京将成为运动员理想的比赛场地。运动员将有条件优越的比赛场馆、奥运村，以及一个崭新的和独特的文化经历，尤其是超过能想象的众多观众。

现在，我们请您给我们一个亲身经历一届伟大的奥运会的机会。北京的奥运会将成为奥林匹克历史和中国历史中的一个里程碑。这将是激动人心的时刻，现在，我想与我的朋友一起与您们分享这一激动人心的时刻。

最后和一直站在她身边的杨凌一起说：我们热爱奥林匹克，我们北京见。谢谢！

现场反应证明，“奥运盲区”的圈定起到了非常大的作用。

通过这样一幅画面，到给在场的国际奥委会委员一个警示：是不是这些空白地区的国家也有权办奥运？是否可以考虑让奥运之花也能在这样的空白区开放？那一张充满灵感和深情的幻灯片，花费了我很多的时间，我甚至找来很多专家，一个一个在地图上确认标识的这些城市地址没有错，所以那看上去到处是圈圈点点的地图，其标注是十分准确的。

其次，我知道非洲国家、南美国家、亚洲国家，我们这三个地区的人民其实是一个战壕里面的战友，我期望通过这样的标注来引起他们的共鸣，引起他们的同感，同时也唤起他们的一种觉悟：奥林匹克是全球人民的，大家都应该能够分享奥林匹克，按照排序，这次也应该轮到亚洲，在亚洲中间那肯定是我们中国。

6. 美丽的杨澜和美丽的火炬传递

杨澜的多媒体制作是我们创作出的水平相对较高的一组幻灯片。当时，我们在火炬接力的演示稿中，嵌入了一个三层的Flash动画，用一个非常大的高精度的动态地图配合着杨澜的发言，配合着火炬接力的路线，需要不断平移，在平移同步的时候，还需要展示出从雅典出发后，火炬传递所经过的五个文明古国，当地图的线路平移到具体的某个文明古国时，在图的左下角会出现一个关于这个古国的代表性图片，由小到大地显示。针对这一组技术含量很高的幻灯片，我们在后期电脑合成上下了大功夫、苦功夫。对我们来说，这个嵌入了三层Flash的幻灯片，技术层面存在着些问题，同时，最大的问题在于当时电脑硬件的局限。2001年的电脑CPU速度还没达到较高的水平，播放这样一个大容量的幻灯片经常死机。虽然后来，我们一再处理，但为了保持较好的效果，其容量依然很大，在排练时，就出现过经常死机的现象，这不能不引起我们的担忧。毕竟这个基于“丝绸之路”带来的灵感，基于多媒体幻灯片所给人带来的冲击感而设计出的嵌入Flash的PPT演示文稿，是我们整个陈述中的一个亮点，但同时也是一个难点。

因为诸多原因，从一开始的理念设计到最后成熟嵌入，从创意到技术环节，可谓困难重重。虽然事先做了许多排练，我心里还是没有十足的底气。所以杨澜一上场，我就开始担心起来：PPT 会不会卡住？会不会不同步？假如不同步我们该怎么办？那么多地点，那么多闪烁的亮点，如果快了怎么办？如果慢了又当如何？

杨澜走向陈述台的时候，我的心一下子就提到了嗓子眼儿上。那天，美丽的杨澜以一袭亮丽的中国旗袍亮相。她在陈述时那流畅自如、淡定自信的气质吸引了在场的所有人，至今仍有许多人对那画面印象深刻。负责现场转播的国际奥委会的工作人员，对重点把握得特别好，在杨澜陈述到火炬接力时，他自然而然地把镜头切到了杨澜背后的大屏幕上，我精神高度紧张起来。

7 月 11 日，我和杨澜在莫斯科陈述排练大厅现场。

伴着杨澜流畅的英文陈述，火炬接力路线一点点平移，没有问题……当杨澜讲到火炬将跨越珠穆朗玛峰的时候，后面 PPT 的图片也顺利展示出来了。之后杨澜陈述到，中国的奥运圣火将通过西藏，穿过长江和黄河，踏上长城，途经香港、澳门、台湾，在组成我们国家的 56 个民族中传递。这个时候电视画面就完全被杨澜的陈述所吸引，切回到杨澜身上去了。因此，我不知道杨澜身后大屏幕上的PPT会不会发生什么事情。一直到杨澜把这一段讲完，这个镜头都没有切回去，当时我很着急，不知道那一段PPT有没有出问题。当然，现在想起来完全是杞人忧天，但在当时的确是很揪人的。

回国以后，我在铺天盖地的媒体上看到了对杨澜陈述的盛赞，尤其是她的陈述词中有一段对马可·波罗的引入，更是让无数人为陈述盛赞不已。

录杨澜陈述词如下：

Mr. President,

Ladies and Gentlemen,

Good afternoon!

Before I introduce our cultural programs, I want to tell you one thing first about 2008. You're going to have a great time in Beijing.

China has its own sport legends. Back to Song Dynasty, about the 11th century, people started to play a game called Cuju, which is regarded as the origin of ancient football. The game was very popular and women were also participating. Now, you will understand why our women football team is so good today.

There are a lot more wonderful and exciting things waiting for you in New Beijing, a dynamic modern metropolis with 3,000 years of cultural treasures woven into the urban tapestry. Along with the iconic imagery of the Forbidden City, the Temple of Heaven and the Great Wall, the city offers an endless mixture of theatres, museums, discos, all kinds of restaurants and shopping malls that will amaze and delight you. But beyond that, it is a place of millions of friendly people who love to meet people from around the world. People of Beijing believe that the 2008 Olympic Games in Beijing will help to enhance the harmony between our culture and the diverse cultures of the world. Their gratitude will pour out in open expressions of affection for you and the great Movement that you guide.

Within our cultural programs, education and communication will receive the highest priority. We seek to create an intellectual and sporting legacy by broadening the understanding of the Olympic Ideals throughout the country.

Cultural events will unfold each year, from 2005 to 2008. We will stage multi-disciplined cultural programs, such as concerts, exhibitions, art competitions and camps which will involve young people from around the world. During the Olympics, they will be staged in the Olympic Village and the city for the benefit of the athletes.

Our Ceremonies will give China's greatest—and the world's greatest artists a stage for celebrating the common aspirations of humanity and the unique heritage of our culture and the Olympic Movement.

With a concept inspired by the famed Silk Road, our Torch Relay will break new ground, traveling from Olympia through some of the oldest civilizations known to man—Greek, Roman, Egyptian, Byzantine, Mesopotamian, Persian, Arabian, Indian and Chinese. Carrying the message "Share the Peace, Share the Olympics," the eternal flame will reach new heights as it crosses the Himalayas over the world's highest summit—Mount Qomolangma, which is known to many of you as Mt. Everest. In China, the flame will pass through Tibet, cross the Yangtze and Yellow Rivers, travel the Great Wall and visit Hong Kong, Macau, Taiwan and the 56 ethnic communities who make up our society. On its journey, the flame will be seen by and inspire more human beings than any previous relay.

I am afraid I can not present the whole picture of our cultural programs within such a short period of time. Before I end, let me share with you one story. Seven hundred years ago, amazed by his incredible descriptions of a far away land of great beauty, people asked Marco Polo whether his stories about China were true.He answered: What I have told you was not even half of what I saw. Actually, what we have shown you here today is only a fraction of Beijing that awaits you.

Ladies and gentlemen, I believe that Beijing will prove to be a land of wonders to athletes, spectators and the worldwide television audience alike. Come and join us.

Thank you, Mr. President. Thank you all.

中文译文为：

主席先生，女士们，先生们，下午好！

在向各位介绍我们的文化安排之前，我想先告诉大家，你们2008年将在北京度过愉快的时光。

中国拥有自己的体育传统。大约在公元11世纪宋朝的时候，人们开始玩一种叫作“蹴鞠”的游戏。这个游戏被认为是现代足球的起源，在当时非常流行，女性们也自成一队，玩得兴高采烈。现在，你们该明白为什么我们现在的女子足球队那么厉害了。

在新北京，有许许多多精彩纷呈的事情在恭候您，这是一座充满活力的现代都市，3000年的历史文化与都市的繁荣相互交织。除了紫禁城、天坛和万里长城这几个标志性建筑，北京拥有无数的戏院、博物馆和迪斯科厅，各种各样的餐厅和购物场所。这一切的一切，都会令您感到惊奇和高兴。除此之外，北京城里还有千千万万友善的人民，热爱与世界各地的人民相处。北京人民相信在北京举办2008年奥运会将推动我们文化与全世界各种文化的交流。他们将向您和您所领导的奥林匹克运动尽情表达他们对奥运会的感激之情。

在我们的文化计划中，教育和交流将是我们的首要重点。我们将在全国弘扬奥运精神，以留下一笔精神和体育财富。

从2005年至2008年，我们每年将定期举办文化活动。我们将开展多元文化活动，如由全世界青少年参加的音乐会、展览、艺术比赛和野营。在奥运会期间，这些文化活动将同时在奥运村和全市范围内展开，以方便运动员们参与。

我们的开闭幕式将为中国和世界杰出艺术家提供舞台，讴歌人类的共同理想、我们独特的文化和奥林匹克运动。

基于丝绸之路带来的灵感，我们的火炬接力将开创新局面，从奥林匹亚山，途经人类古老的文明发源地——希腊、罗马、埃及、拜占庭、美索不达尼亚、波斯、阿拉伯、印度和中国。以“共享和平，共享奥运”为主题，奥运永恒不息的火焰将穿越喜马拉雅山脉，到达世界最高峰——珠穆朗玛峰，也就是 Mt. Everest，从而达到一个新的高度。在中国，奥运圣火将通过西藏，穿过长江和黄河，登上长城，途经香港、澳门、台湾并在组成我们国家的 56 个民族中传递。通过这样的路线，比以往任何一次接力数量都多的人民将目睹火炬，并受到鼓舞。

如此短的时间实在是难以展现我们文化计划的全貌。在我陈述结束前，我想告诉您一个故事。700 年前，惊奇于他有关那个美丽的遥远国度的描述，人们问马可·波罗：您那些有关中国的故事是真的吗？他回答道：我只不过将我所见到的向你们描述了一半而已。事实上，今天我们向您展示的也仅仅是正在恭候您到来的北京一隅。

女士们，先生们，我相信北京将向运动员、观众以及全世界的电视机前的观众证明：这是一块神奇的土地。到我们中间来吧。

谢谢主席先生，谢谢大家！

杨澜发言完毕之后，就该何振梁先生出场了。

7. 感人至深的结束语

在那次陈述会上作最后总结发言的是何振梁先生。

按照程序，何振梁先生发言完毕后，接下来就是北京代表团最后一个陈述程序：播放申奥短片《万众期待》。放完这个近 5 分钟的短片，我们的陈述就结束了。当时呈现给电视观众的陈述排列顺序和我们当初设计的程序是不同的：在一开始设计整个陈述稿时，我们曾有意识地把何振梁先生讲话放在整个陈述之外——把他的陈述放在最后面，放在申奥短片后面。

为什么当初会有这样的安排呢？

我们的宣传片具有很强的视觉冲击力，四分多钟的短片融合了诸多的中国元素和奥运元素，加上短片对音乐、画面的精心剪裁、搭配，它无疑会给现场委员们带来强烈的感官刺激和心灵震撼。如果短片一结束，我们再让何老出场，那就是让委员们兴奋之后，体验语言的脉脉温情，抑扬顿挫，一张一弛，更能打动人心。

此外，何振梁先生的身份和代表团里其他陈述人不同，他有双重身份，一是北京奥申委的成员，是整个陈述的主持人；一是国际奥委会的执委会委员。他陈述文中的称谓和其他所有人都不同，前面陈述人的称谓是："尊敬的主席、尊敬的各位委员……"何振梁先生的开头却需要这样说："尊敬的主席先生、亲爱的同事们……"事实上何振梁先生的发言非常感人，他说，我为了奥林匹克运动贡献了一生，所以我希望在我的职业生涯中，把奥林匹克带回我的祖国，带给我祖国的人民。在那样庄严的场合做这种发言，会给台下的委员带来一种情感的碰撞，这种情感碰撞，说到底是一种来自心底的那种最柔软的部分，每个人都需要这样的感情，每个人都会对这种感情有所触动。

后来，把何振梁先生的发言安排在短片之前还是短片之后，大家有些分歧，而最终的结果还是让何振梁先生的发言放在短片之前。到了12日那天最后一次排练完了，我心中不是特别满意，赶紧去找刘敬民主席，对他说，当初我们给何老设计的位置是放在最后的。

我又把自己的看法说给他听。刘敬民一听有些着急，他说你怎么不早说？我说刚开始我们就是这么设计的，来到这边时间紧张，调整之后还来不及坐下来好好想想。他问我，那你觉得还能不能改？我想了想，对他说，能改！

随后，敬民主席立即派人开车去了现场，等我们的车到了后台，才发现晚了，后台已经戒严了，任何人都不允许再进去，没办法，时间顺序的安排最终还是这么定下来，饶是如此，最终的陈述效果还是特别的好，我们依然获得了成功。

现在，我常常回忆起何振梁先生那段感人肺腑的陈述，当时，我坐在大使馆电影厅里看直播时，见何老动情的发言，眼泪径自哗哗落下。何老真的为了奥林匹克贡献了自己的一生，从1993年到2001年，其间他的努力、他的付出、他所忍受初次申奥失利的种种苦痛，是常人无法想象的。甚至在初次申奥陈述时，何老还随身携带了速效救心丸。我相信，像何老那种出自内心的发言，浓缩自己一生的陈述，打动了在场的所有委员，当说到那句“多年来，中国人对于奥林匹克理想不懈追求，就像奥林匹克信仰一样毫不动摇。在我的职业生涯当中，我希望将奥林匹克带入中国，让我的祖国和人民体验奥林匹克”这段陈述词时，现场一片寂静，所有人都被台上那个深情的老人打动了，都被他们那个温和的同事打动了。从那以后，我坚信，语言的魅力来自于人，来自于人对个体生命的浓缩，来自于人内心深处最真实、最诚恳的那一部分。

录何振梁先生的陈述词如下：

Mr. President,

Dear Colleagues,

No matter which decision you make today, it will be recorded in history. However one decision will certainly serve to make history. With your decision here today, you can move the world and China toward an embrace of friendship through sport that will benefit all mankind.

Almost 50 years ago, I took part in the Olympic Games for the first time; it was in Helsinki. Since then, I have become deeply attached to the Olympic spirit. And me, like so many of my countrymen, I am convinced that the Olympic values are universal and the Olympic flame lights up the way of progress for all humanity.

It has been a dream of mine throughout my career to find a way to bring the Olympic Games to China. I, too, want my countrymen and women to experience the eternal beauty of the Olympic dream in our homeland.

By voting for Beijing, you will bring the Games for the first time in the history of Olympism to a country with one fifth of the world's population and give to this billion people the opportunity to serve the Olympic Movement with creativity and devotion.

Dear colleagues, the message you send today may signal the beginning of a new era of global unity.

If you honor Beijing with the right to host the 2008 Olympic Games, I can assure you, my dear colleagues, that, in seven years from now, Beijing will make you proud of the decision you make here today.

Thank you.

中文译文为：

主席先生，亲爱的同事们：

无论你们今天做出什么样的选择，都将载入历史。但是，有一个决定必将创造历史。你们今天这个决定将通过运动促进世界和中国的友谊，从而为全人类造福。

近50年前，我第一次参加了赫尔辛基的奥林匹克运动会。从那时起，我就深深地被奥运精神所感染。和祖国的许多同胞一样，我认为奥运的价值是普遍的，它的圣火照亮了人类共同前进的道路。

在我的职业生涯中，我一直梦想将奥运会带到中国。我也想让我的同胞们在祖国体验奥林匹克梦想永恒的魅力。

选择北京，你们将在奥运史上第一次将奥运会带到一个拥有世界上五分之一人口的国家，让十多亿人民有机会用他们的创造力和奉献精神为奥林匹克运动服务。

亲爱的同事们，你们今天所传递的信息将意味着一个全球团结新纪元的开始。

如果举办2008年奥运会的荣誉能够授予北京，亲爱的同事们，我可以向你们保证，七年后的北京会让你们为今天的决定而自豪。

谢谢。

大屏幕里，何振梁先生的发言像脉脉流水一样，一点一点流淌到现场每个委员的心里。在设计何振梁先生的陈述用多媒体演示稿时，我们下了很大的功夫，在他的演示稿中特意采用了英法文互现的方式。何振梁先生的外语素养非常高，精通法语和英语，如何体现何老的这种语言才华，是我们设计PPT时必须考虑到的一个重要因素。何振梁先生在陈述过程中要交换着用法语和英语陈述，我就想，那为何不把PPT也设计成两种语言交替的呢？何老用法语陈述我们就把标注英文的PPT用字幕滚动的方式切换上去；如果何老用英语陈述，我们就用同样的方式把标注法文的PPT切换上去，这样让现场的委员们都能够很好地理解何振梁先生的陈述词。

PPT上滚动的英文和法文与何振梁先生的陈述用英语、法语相得益彰，同步进行得非常顺利，当最后一张PPT出现在大屏幕上时，我彻底放心了。最后一张PPT是“13亿人民共同的梦想”。谁能想到，这个当初在美国旧金山不眠之夜灵感偶发想出来的句子，在“7·13”最庄严的场合，在北京代表团最后一张陈述的演示稿中出现了。

好多年过去了，我依然为何振梁先生那段话感动。加上在奥申委工作时间对何老的认识和了解，我进而为他的人格魅力所感动。他对中国申奥事业所做出的巨大贡献，所付出的努力，真是常人无法想象的。他为中国奥林匹克事业奉献了一生，他为把奥林匹克带回中国做出了艰辛的努力，他的经历让我想起了《钢铁是怎样炼成的》中最著名的那句话：“一个人的生命应该这样度过：当他回首往事时，不会因虚度年华而悔恨，也不会因碌碌无为而羞耻。”我想何振梁先生真可以骄傲地对我们说：“我的整个生命和全部精力，都已献给了世界上最壮丽的事业——为奥林匹克事业而奉献我的一生。”

8. 让其他城市嫉妒的提问

在陈述方面，我们的时间控制得最为准确——我精心测算了一下，我们共计用时 46 分 26 秒，比国际奥委会规定的 45 分钟仅多出了 1 分 26 秒。我们精心制作的短片《万众期待》是这 46 分钟 26 秒的最后一幕。故宫里的威风锣鼓，帕瓦罗蒂的《今夜无人入睡》，现代北京鳞次栉比的高楼大厦，长镜头短镜头的交替，加上由谭盾原创的音乐，现场的委员们被现代北京和传统中国深深震撼了。眼见到了结尾，我再也忍不住了，眼泪真的不知不觉就出来了。虽然陈述还没结束，下面还有一个伊斯坦布尔，但我能明显感觉出，我们成功了，整个陈述太成功了。

果然在申奥短片结束后的提问环节，北京就受到了国际奥委会委员们的“优待”，陈述花了 46 分钟，包括提问和回答整整用了 1 小时零 10 分钟。这让其他几个城市嫉妒得眼都红了。北京被提问时间长，这说明国际奥委会对我们最为重视，他们想急于了解很多事情和情况，那说明他们对北京已经产生了浓厚的兴趣——最终，一个接一个的提问不得不因为时间问题而结束，以至于在北京陈述团离开现场，国际奥委会的委员们没有休息，最后一个出场的伊斯坦布尔就跟着进了陈述大厅。

在一个小时的提问过程中，几乎涵盖了环境、交通等重要方面的问题，而北京代表团在回答这些提问过程中，更是妙语连珠，让现场的委员们彻底对北京放心，彻底对北京信赖。当天，共有8个主要问题被提及：

1. 关于环境方面的问题，有人问道："我想提两个关于环境的问题。在你们的介绍当中，讲到了你们如何去保护环境，尤其是控制空气的污染，以及车辆和交通造成的污染，能不能具体地谈一下，你们要采取什么样的措施，来控制工业污染？"

廖秀冬回答："第一个方面涉及车辆污染的问题。如何改善环境，我想给大家提供一些数字，我们在我们的报告当中也讲了，到2008年底，我们90%的公交车都会用天然气的，而且我们的出租车也都是用这种清洁燃料。关于车辆污染控制的标准问题，我们现在是采用欧洲一号的标准，这是很严格的，再过五年，我们会跳过三号标准，这会再降低污染60%。尽管我们有车辆数量的增长，而且你也听到，我们不仅是修公路，而且会修铁路，这是一种非常清洁的方式，还有地铁，地铁会从两条线增加到五条线，当然不要忘记，我们的城市非常鼓励使用自行车，我们有800万辆自行车，这是一个非常有利于环境的方式。"

2. 关于场地的问题，有人问道："你们在介绍当中说认为北京举办奥运会将有一个很适合的场地，能否讲一下，你们是不是真的有一种合作精神？接受国际奥委会的要求？"

王伟秘书长回答："北京每年投资150亿美元进行体育场地建设，这个就是用于建立2500万平方米建筑物，目前为止，已经有15个场所现在已经建起来了。"

3. 关于语言的问题，有人问道："我们在出外旅行的时候，最大的问题实际上是通信，在开这个奥运会的时候，组委会能否解决语言的障碍？”

王伟秘书长回答：“目前我们已经有足够的受过职业培训的翻译人员，包括法语、西班牙语、葡萄牙语、俄语等十几个语言的翻译，这些志愿人员就会派到奥运会的技术员、工作人员和运动员作为他们的联络官。除此之外，我们准备动员北京的大学生，北京有四十多万名大学生，这些学生至少都可以讲英语，因为如果他们要上大学的话，首先就要考过英语的入学考试，这些人都愿意帮忙，市长的演讲中已经说了，已经有60万志愿者报名，他们也表示愿意学英语，所以我们认为在这方面不会有什么语言障碍。”

4．关于沙滩排球的问题，楼大鹏先生回答：“我们非常重视评估委员会的意见，我们已经接到了沙滩排球的信件，他们说如果北京当选了，他们准备和我们这个组委会商讨以后提出一个新的方案，交给国际奥委会来通过，现在有几个场所正等待着有关评估委员会去访问、采访，并且提出报告，谢谢。”

5．对于北京城市污染的问题，有人问道：“你们想采取一些什么样的措施来解决这个很敏感的问题？我的第二个问题涉及语言，以及需要会外语的人员的支持问题。我想要支持运动员和奥林匹克大家庭的每位成员，我想我们有必要有更多的人，能够讲不同的语言，不仅仅是组委会里面，而且也应该在更多的志愿者当中有能够讲外语的人。在过去这方面是有一些弱势，因为有一些组委会在这方面有这样的问题，你们在这些方面有些什么样的解决办法？”

廖秀冬回答：“关于你讲到工业污染的问题，这的确是政府非常重视的一个问题。我们所做的第一件事就是我们能源结构的调整，大家都知道，中国是一个产煤大国，但是我们做出了一个决定，我们的燃料应该是以天然气来替代，这个项目已经从1998年开始了。除此之外，我们还有一个清洁生产中心，当然这里在全国都有，在北京也有，我们鼓励产业界走向清洁生产的技术，而且基于现有最佳的这些做法，在城市的总体规划当中，我们也在逐渐地把这些工业开始搬迁出去，我们将要把四分之三的工厂搬出市中心，这个搬迁在经济上是可行的，因为他们在城里的土地是非常值钱的，他们把工厂卖掉，能够挣很多钱，然后可以在北京的郊外来建立这种清洁生产的基地。在我们的环境影响评估当中，这也是为了我们这次规划所做的评估，到了2008年的时候，所有在北京市区的领域，都将实现世界卫生组织的标准，谢谢！”

6. 设施和反兴奋剂的问题：“我有两个问题，第一个问题，奥运会的很多的设施还没有能够建成，60%的场馆还没有建成，在今后的六七年里，你们能不能按照国际的标准建成，这是我的第一个问题。第二个问题，你们是否能够在中国各个地方，或者是在中国之外，按照国际奥委会反兴奋剂的要求，和国际单项机构的他们在兴奋剂检查的问题，尤其是对他们抽样的问题上达到标准？”

袁伟民回答：“北京每年投资150亿美元进行这种建设，这个就是用于建立2500万平方米建筑物，目前为止，已经有15个场所现在已经建立起来了。我们还准备在市区发展方面，已经计划了14个场所，然后我们专门为了奥运会准备建设8个地方，这个预算实际上只等于北京城市建设的10%，我们觉得没什么问题，实际上不需要花七年，一年之内我们就可以把这些场所都建立起来。”

7. 交通的问题：“北京有约1200万人口，而且我们也不想干扰北京人正常的生活，你们能否给我们介绍一下你们的交通系统，在比赛期间的交通系统，前面你们讲得不是特别的清楚，谢谢！”

体育部主任楼大鹏回答：“北京现在车辆还是比较多，比较堵塞，但是我们计划在今后7年，大量改进我们的公路系统，预算用350亿美元来建立新的高速公路和新的交通系统。王伟先生在报告中已经讲到了，我们现在有两条地铁线，到2008年，我们计划有五条地铁线，并且在市区内要建立大量的主干线和高速公路。要达到这些比赛场所，交通方法之一就是地铁线，我们北京有650条公共汽车线路，有一万一千多辆公共汽车，有大量的出租汽车，我们也准备在运动会召开的时候，在公路上开创一些专用线，保证运动员可以按时到达比赛场所。对于观众我们也会提供一些方法，以便来监督和管理公路上的交通，并且我们希望鼓励我们的观众在运动会召开期间，多用公共交通，而不用私人的车。即使用自己的私人车，也是要停留在一些专设的停车场，用班车来回到达比赛场所。好，谢谢！”

8. 奥运盈余的问题：“你们讲到要把这个盈余，2008年奥运会的盈余，用于搞一个友谊和合作基金，我的问题是中国是想把这笔钱交给国际奥委会，还是说中国自己去管理这笔基金？”

王伟秘书长回答说：“这个基金将由北京市和中国奥委会共同来主管，监督由国际奥委会来监督，如果国际奥委会愿意的话，我们就让他们来监督主管。”

9. 关于反兴奋剂条例问题：“你们知道反兴奋剂的条例是在2000年1月1日开始生效，这是一个强制性的条例，对整个奥林匹克运动都是一个强制性的规定，如果北京得到这样一个荣誉，举办2008年奥运会，你们代表北京代表团，是否能做出这样的一个毫无保留的承诺？在整个比赛期间，反兴奋剂的条例，是否会用于所有的参赛人员？”

中国奥委会主席袁伟民回答：“在陈述报告里面说了，我再一次重申，我们绝对地按照国际奥委会关于反兴奋剂的有关决议来执行。”

一个多小时的提问过程中，北京代表团始终镇定自若，气定神闲，回答问题也显得游刃有余，这一切，自然源于我们的实力和信心，源于我们冲刺申奥以来无数个日日夜夜的精心准备。那对答如流的场面，把我们往胜利的顶峰又推进了一大步。

第九章

巅峰时刻

1. 令人大跌眼镜的第一轮投票

如果说上午的大阪、巴黎和多伦多的陈述我还能耐心地听下去，到了我们之后的最后一个申办城市伊斯坦布尔，我已经完全无法集中精神去听他们说的每一个字了。之前看我们自己的陈述精神太过兴奋，能量消耗很大。到了伊斯坦布尔的陈述时间，我甚至感觉到自己的手臂肌肉软弱无力，连水杯都端不起来。

和我这种心情相同的是我的那些同事们。

我们完全沉浸在北京代表团一个小时流畅的陈述中，兴奋、紧张、又颇为担心——最后的结果出来之前，谁也不能肯定我们就是最后的胜利者。

我的这种担心并不是没来由的。

在7月12日，《纽约时报》“不合时宜”地刊发了一篇分析文章，着重提醒北京要耐心等候结果，谨防“高票落选”。他们甚至举出例子来说明在申办奥运的历史上，“高票落选”现象并非没有发生过。例如2000年奥运会北京当时呼声最高，却在最后以两票之差输给悉尼；1996年亚特兰大奥运会，原本被一致看好的雅典最终输给了亚特兰大。

公说公有理，婆说婆有理。

在最终投票结果没有出来之前，这些消息都会依据“事实”把可能会出现的结果分析得头头是道，谁的分析最准确？能够回答这个问题的只有最终的结果——那个将从5个城市中脱颖而出的幸运者。

眼中看着伊斯坦布尔的陈述，我反复回味的却是我们自己的陈述。无论是陈述环节，还是申奥短片的播放以及最后的回答问题，我们都表现得非常好，对我们来说，我们的工作已经完成了，剩下的只需静心等待，等待那个非凡时刻。对我个人来说，几个月的冲刺申奥其实就是经历着一场漫长的等待。过往两百多天的等待并不觉得有多苦，有多难熬，紧张的氛围、高效的节奏容不得我去想等待的漫长。可就在结果出来的一刹那，我突然无法安下心来，熬不下去了，整个人精神处于崩溃的边缘，头脑前所未有的清晰，同时又变得模糊一片，那种滋味令人难以忍受。

伊斯坦布尔很快就完成了他们的陈述，甚至比规定的45分钟时间还要短。委员们问的问题也都很简单，不痛不痒，大有比我还疲惫的架势——这更加让我们坚信伊斯坦布尔并不具备和北京竞争的能力。

按照国际奥委会第112届全委会的议程，在5个城市结束陈述后，由评估小组进行评估报告说明的汇报工作。值得一提的是，评估报告中特别指出对北京的评价：“奥运会由北京主办可为中国及未来整个体育发展留下一笔特殊而意义深远的遗产。”而国际奥委会主席萨马兰奇在评估小组出发前特别提示小组成员，评估团要从各项技术性条件出发来完成评估。这些也都被视为对北京的胜选有了好的开始。国际奥委会评估团主席维尔布鲁根对5个申办城市进行评估报告。谈到北京时，维尔布鲁根说：“北京举办奥运会可以对中国、对运动界留下宝贵的遗产，而且北京也能举办很好的奥运会。从风险来讲，没有太大的风险，主要有经济增长、人口增长和环境，可能有一些影响。我们还是维持我们过去的决定，根据我们报告当中所说的，它能举办一个很好的奥运会。”结果分为表现较优的第一类，有北京、多伦多、巴黎三个城市，和表现较差、主办奥运会可能有风险的第二类，有大阪、伊斯坦布尔。

投票马上就要开始了。

从这一届的奥运会申办开始，投票方式发生了改变。以前的奥运申办投票采用的是手写方式，1993 年北京申办失利的那次就是采用手写方式投票的。手写方式投票的缺点就是太慢，写票、计票、统票工作都需要工作人员手工操作，相对繁琐。如果第一、二轮选不出来，要鏖战到第三甚至第四轮才能出结果，那么采用手写方式投票将会用去好几个小时的时间。

为此，国际奥委会的技术委员会专门为这届全会的投票过程设计了电子投票系统。在投票前，国际奥委会给在场的每位委员的座位上安装了一个电子投票机。投票机上有五个城市的编号——按照陈述顺序进行的编号，1 为大阪，2 为巴黎，3 为多伦多，4 是我们北京，5 则是伊斯坦布尔。评委们只需在投票机上按下相应的号码，再按“发送”键就完成了全部的投票操作，这样的好处就是节省时间，减少可能会出现的人为误差，尽可能快地把选取结果公布出来。

国际奥委会的投票是不记名投票，高度保证投票委员决定的隐私。就是说投完票之后，投票记录当场要被销毁，除了投票人本人之外，不会有第二人知道他把自己手中的那一票投给了谁。整个过程是这样的：当国际奥委会的委员们按完投票电钮，个人选中的投票结果会被立刻传到监票人那里；与此同时，电脑系统会将投票人的个人记录立即销毁。

这一届的奥委会执委会为了监督投票结果的公正有效，更选派三名监票人，分别是德国的巴赫、塞内加尔的姆巴依和菲律宾的艾里扎尔德。投票结果在三位委员的监督下统计之后再打印出来，交给萨马兰奇主席当场宣布结果。

北京能不能在第一轮胜出是我们对第一轮投票最为关心的一个结果。当时，对第一轮投票结果的预测，虽然每个人都持不同的意见，但舆论大致上存在着一个相对明确的排序：排在第一的是北京，第二为巴黎，第三为多伦多，第四为大阪，而第五的位置无疑是留给伊斯坦布尔的。

莫斯科时间 17 ：52，第一轮投票开始。

当日，共有 122 位国际奥委会委员出席第 112 次全会，除去萨马兰奇先生和各申办城市国际奥委会委员外，共有 108 位委员进行首轮投票。按照国际奥委会的规定，如果第一轮投票中有候选城市选票过半，那就表明它将获得 2008 年奥运会的主办权。可如果要在这一轮投票中胜出，就意味着该城市需要获得 54 张以上的投票，其他四个城市的选票总和不能超过 54 张，难度很大。

几分钟后，第一轮选举结果。

108 位委员通过各自手中的电子选票机把自己心目中的城市发送出去；经过三位检票员紧张地核对统计，第一轮投票的结果出来了。从姆巴依和其他监票人平静的表情可以看出，第一轮投票应该没有城市胜出——结果没有什么值得期待的。但大使馆电影厅里每个人都很紧张，没有结果，说明还要投下去，到了第二轮投票，那自然更加紧张。

投票现场，萨马兰奇先生站在主席台上公布了第一轮投票的结果——第一轮没有城市胜出，第一轮被淘汰出局的是日本大阪。“黑马”出现了，伊斯坦布尔悲情战术奏效了，当时，我们并不知道第一轮每个城市的具体票数，按照国际奥委会事先的规定，当场不会公布每个城市的得票数，只公布是否有城市胜出以及被淘汰出局的城市。

大阪，做了精心准备的大阪，以欧美标准来执行申奥进程的大阪在第一轮就惨遭淘汰。事后，当我知道了第一轮具体的每个申办城市所得的票数之后，我再次为伊斯坦布尔这座城市而惊讶：第一轮的具体结果是北京 44 票，多伦多 20 票，伊斯坦布尔 17 票，而呼声很高的巴黎居然只有区区 15 票，最后一名的大阪只有 6 票，刚及伊斯坦布尔得票数的三分之一多一点。

谁都能想到第一轮得票最多的非北京莫属。

可在这个“第一非北京莫属”之外，谁能想到第一轮被淘汰的会是日本大阪？谁能想到巴黎在第一轮投票中仅仅排在第四的位置，比伊斯坦布尔还要少 2 票？谁又能想到伊斯坦布尔会在首轮投票中瞬间成为“黑马”，以 17 票位列第三，比第二名的多伦多只少 3 票？

白纸黑字不容更改，事实成了对各个城市陈述的最好评价：44 票、20 票、17 票、15 票、6 票：5 座城市，5 种命运，就这样写进了奥运会申办史。

令人大跌眼镜的首轮投票，让其余四个城市中除伊斯坦布尔之外的三个都快乐不起来。伊斯坦布尔虽然排在第三，但其代表团依然笑得很开心，因为他们成功地实现了他们战前的目标：“我们知道自己会输，但请不要让我们输得太惨。”与之相反的是大阪人的情感失落：“我们知道自己会输，但哪里想到我们会输得这么惨？”

后来日本媒体沮丧地评价这一结果说：“尽管申办失败对很多人来说并不意外，但在第一轮投票中仅仅获得6票，令很多日本人感到震惊。”日本大阪为申奥投入了大量的资金，请了诸多欧美专家，但结果令人失望。大阪一个反对申奥的市民团体甚至发表声明，要举行集会，要求大阪奥申委主席、市长矶村隆文引咎辞职。

第一轮投票没有城市票数过半。

按照规定，执委会马上开始进行第二轮投票，又一次扣人心弦的投票开始了。

2．巅峰时刻：我的“4456”

大阪在第一轮被淘汰出局，多多少少出乎我的意料。伊斯坦布尔在第一轮投票中的“超常发挥”自然也出乎了我的意料。不过我仔细一想，联系我们陈述之前对投票结果的预测和分析，自信心又增加了几分。

第一轮投票，伊斯坦布尔17票中大部分应该为“同情票”，有些委员认为第一轮不会有结果，为了顾及伊斯坦布尔人的情绪，所以轻率地把票投给了伊斯坦布尔，好让他们增加对申奥的信心；到了第二轮，不出意外，结果就会出来，这些委员们必须要认真起来，对自己手中的一票负责。这样，本来投给伊斯坦布尔的同情会分流给最具备实力的北京。

此外，大阪被淘汰，投给它的6票如果不出意外，也大部分会分流给北京。

伊斯坦布尔分流来的票、大阪被淘汰出局后6票中的一些票，加上北京在第一轮的良好表现，此次申奥投票应该会在这一轮结束——而结果自然就是我们北京胜出。

第一轮投票是熬人的。

第二轮投票更让我饱受煎熬。

第二轮的投票刚开始就出了点小问题，投票机出了点小故障，国际奥委会的工作人员赶紧抢修，现场气氛很紧张。

这个意外的插曲，把观看直播的大使馆电影厅里的气氛也调节到非常紧张，整个电影厅里静得像沉到了海底，我能够听到自己心跳的声音，能够听到手腕上手表指针转动的声音。

很快，投票机的故障排除了，后来据说是因为操作人员操作不当所致，并无大碍。

第二轮投票立刻开始了。

当时，我们陈述组的四个人坐在电影厅里靠前的位置。眼见三名监票人紧张地核对着第二轮的结果，然后其中之一走过去把投票结果从打印机里抽出来，他略微看了看，眼角稍微流露出一些喜悦的神情，这个转瞬即逝的表情立刻被我们捕捉到了——有了，一定是我们。我们四个立刻跳起来。

在那种高度紧张的气氛下，人的第六感表现得十分强烈，那一个不经意间的喜悦眼神，足以让我们相信，我们赢了。我们跳起来，招致现场其他人的不满，后面的人大声嚷嚷让我们坐下。我们哪里还能安心坐下，“气势汹汹”地和后面的人对了几句，心不甘情不愿地再次坐下。

投票现场的程序还在一步一步进行。

结果还没宣布，但我们已经感觉出了结果，为什么我们敢这么肯定那个负责打印的奥委会委员善意的微笑眼神是给北京报喜？那个委员不是别人，正是负责监票的塞内加尔委员姆巴依。出于职业习惯和前期得到的一些信息，我们知道，姆巴依是北京申办奥运会的有力支持者，他拿到投票结果一瞬间，朝会场不经意地看了一眼，流露出的表情看似很“平淡”，但还是被我们这些人解读出来了：“投票结束了，你们北京赢了。”姆巴依在那样的场合“泄露天机”的行为非常正常，就像所有人一样，得到了一个自己期望中的结果，得到了一个自己满意的结果，通过表情流露出来是非常自然的。

果然，他把打印出来的结果交给奥委会负责法律事务的委员，那位负责法律事务的委员郑重其事地把结果装到信封里，然后再把那个信封封上，把那个信封再转交给萨马兰奇主席，而第一轮投票没有封上信封。这一连串的程序说明这一届奥运会申办的投票工作已经结束，主办2008年奥运会的城市已经确定，那个信封里就装着这个全世界都迫切想知道的结果。萨马兰奇先生和那个委员简单交谈了几句后，拿起信封起身向发言讲台走去。同姆巴依相比，萨马兰奇先生的表情就要冷静许多，从他的脸上丝毫也揣测不出信封里到底写着哪一个城市。

萨马兰奇站在了主席台上——尽管我们相信一定是北京，但是不到萨马兰奇宣布的那一刻，我们还是很紧张。

离结果只有十几秒，甚至只有几秒的工夫，我们注意力高度集中，我和其他三个同事不由自主把手放在了一起。我们谁也没有注意到，我们这个不经意地叠手动作已经被旁边的摄影师抓拍下来，那一刻我们脸上洋溢着兴奋和喜悦，摄影师的捕捉是独到的，因为几秒之后，他们再也无法拍摄到这样“理性”的喜悦镜头。81 岁高龄的国际奥委会主席萨马兰奇先生嘴中的“北京”刚一脱口，整个电影厅里就已经哭成一片，伴着哭声是不可抑制的欢呼与呐喊。

我们几个把手叠在一起的，也抱在一起哭起来。我现在还时想起

萨马兰奇即将宣布结果前，我和同事们正在紧张地等待。

几十个成年人一起哭泣的“丢人”场面。那种哭不是号啕大哭，是强烈的幸福冲击情感后控制不住的哭泣——谁都能看出来，这种哭泣代表的是一种无法抵挡的喜悦和幸福感——这一幕同样被摄影师抓拍下来。

等我们回国后，我们才发现，宣布结果几秒前的那个叠手动作还有宣布结果后的“眼泪横飞”的场面都刊登在了2001年7月14日《北京晚报》上，这张图片的标题是《决战莫斯科——感受那一刻心跳》。

我不得不佩服写出这行文字的人，那一刻，也许真的只能用“感受心跳”这样的字眼来形容；接着，这两张照片又被无数的平面媒体和网络媒体转载。

几秒前我们感到了幸福即将降临。

几秒之后我们用横飞的眼泪向北京、向祖国宣告，我们不辱使命，我们赢了，北京获得了2008年奥运会的主办权。

当时，在那种场合谁也不去关心北京在第二轮投票中究竟得了多少票，反正票数多少已经没有实质性的意义，对我们来说，结果最为重要。过了几天，我知道了第二轮投票的结果，惊讶得张大嘴巴，太巧合，太巧合，男儿有泪不轻弹，我这次又轻易地为这个投票结果流下了眼泪。第二轮投票的结果对我来说，意义非凡，它具有永久的纪念意义，用它的神秘和神奇给我带来了幸福和喜悦，甚至是震撼和振奋。

第二轮的投票结果是：北京得了56票、多伦多得22票、巴黎得18票、伊斯坦布尔得9票。结果同我们在第二轮投票前预测的相吻合，一些出于游戏心理的委员把第一轮投给伊斯坦布尔的票转投给了我们，巴黎靠实力说话，排在了第三；北京以56票高居第一，并超过半数票获胜。

第一轮44票，第二轮56票，这两个数字让我如何能够平静下来！联想到在北京开始陈述之前，我和北奥广告有限公司的老总

萨马兰奇宣布结果，场内顿时一片欢呼雀跃。

现场许多人为胜利而相拥哭泣。

陈少云一起讨论北京排在第“4”位置陈述的插曲，我只能为之惊讶。

“4456”，这个我平生写过无数次简历必须要写出的几个数字，居然在如此重要的场合出现了。对我来说，申奥成功的意义不仅仅是沉甸甸的收获，不仅仅是不辱使命的自豪，不仅仅是踏踏实实做了一些事情，不仅仅是结交了一批热血沸腾的同事，它还让我对自己有了重新的认识。我想不仅仅是我有了重新的认识，我周围的那些同事，那些为奥运忙碌的人，都会因这一刻，而改变一生的轨迹——毫不夸张，它给我们带来的不仅仅是成功的喜悦，更多的还是精神及灵魂的震撼，我们无法忘却，从那一刻开始，2008 年奥运会便深深地在我们这群申奥人的心中打下了一个不可抹去的烙印。

申奥巅峰时刻，我通过那些数字，敏感地意识到，它和我息息相关，不仅仅是我曾为此忙碌，为此彻夜不眠；更重要的是，那些给北京和中国人带来巨大喜悦和幸福的数字恰恰组成了我的生命——我的生日是 1956 年 4 月 4 日。

我们如愿成了最后的胜利者！

我们在莫斯科城把百年梦想实现了！

56 票获胜对中国来说，更有一个特别的意义，因为在这片富饶的土地上共同生活着 56 个勤劳善良的民族。

走出陈述大厅，助威团成员仍在高呼胜利。

助威团成员兴奋地拉开了国旗留影。

从左到右：小品演员杨蕾、歌手孙浩、相声演员姜昆、歌手解晓东、京剧大师于魁智。

3. 莫斯科不眠夜

北京申奥成功，改变了许多进程，也吸引了当时云集在莫斯科城的2000多名世界各国记者的目光，一时间我们“喧宾夺主”，成为莫斯科的中心，所有目光全都聚集到了我们身上。

首先是北京代表团时间安排的改变。当时在7月13日当天，代表团有两份时间执行表：一份是成功了我们该怎么办，该做些什么；另外一份就是如果出了闪失，我们最后失利了那该怎么办。

如果失利，申办结果在当地时间6点左右宣布，代表团的波音747专机当天晚上7点准时从莫斯科机场起飞。当时，在宣布结果之前，政府代表团行李已经运到飞机上，专机机组人员在飞机上待命，空乘人员已经做好了专机起飞的准备。

如果成功，按照惯例，我们作为申办成功的国家会很礼貌地邀请所有的国际奥委会的委员去参加我们的庆祝会。代表团的成员就需要在莫斯科再住一晚上，到第二天早上8点，再乘专机返回北京。当时，大家都期待着第二天再回北京，那样就意味着我们获得了成功，而在北京那边等待我们的必然是隆重的迎接仪式。当时第二天上午我并没有乘坐那趟专机返回北京，而是和北京奥申委其他一些同事留下来，处理一些善后事宜，直到下午才坐专机返回北京。

当日，在中国驻俄罗斯大使馆里，我们举办了隆重的庆祝仪式和招待会。

会后，回到金环饭店时，已近午夜。看到空荡的走廊，一改前日紧张忙碌的气氛，大部分奥申委同事们都外出欢庆去了。后来，我找到周旭辉，躲在周旭辉的房间里开始疯狂地抽起了烟。我不知道周旭辉从哪里弄来的烟，他兴奋地对我说，“黄总，我们抽烟吧？”我说，好。接下来，我们俩开始了漫长的抽烟过程，一根接一根地抽，抽完一盒他又拿出一盒，我们再接着抽下去，整个房间里像舞台放出的烟雾，我和周旭辉面对面坐着几乎都看不到对方的脸。到最后，我们俩从烟雾中“逃脱”出来，吓了一跳，我们就坐在那里先后抽掉了三包香烟，而我是从来不抽烟的。那个疯狂的香烟之夜彻底地摧垮了我的嗓子，本来在庆祝现场我们就几乎把嗓子喊哑了，加上又坐着大巴出去，高唱了一通京剧，回到宾馆，接着饱受香烟的“摧残”，结果我的嗓子涩得发疼，完全哑了，导致我 14 日回国以后，见到迎接我们的人，见到我的朋友，我连一句话都说不出来，干张着嘴傻笑。不过说实话，如此狂欢，谁也无法理智下来，当我们得到了那个期盼已久的结果，我们连自己的手脚都不知该往哪里放了。

凌晨 3 点回到自己的房间，按照我的习惯，每天要写日记，无论再忙再累从不间断。我拿出日记本，发现自己的手拿不住笔了，好不容易握住笔，却发现自己写不出字了。我的手是哆嗦的，没有力量，控制不住，好像写字的手已经不属于我了。就在那样的情况下，我用“狂草”记录了我一生中最不平凡的一天经历：

“今天是最值得骄傲的一天，经过八年的努力中国终于拿到了 2008 年奥运会的主办权。早晨起来后吃了点早餐就到金环饭店 2002 房间准时收看大阪、巴黎、多伦多的陈述。9 ：30 看大阪的陈述；10 ：45 看巴黎的陈述；12 ：16 看多伦多的陈述；中餐后 2 ：20

前北京奥组委总体规划部部长张坚和我在招待会现场。

乘车前往中国驻莫斯科大使馆集体观看电视转播的陈述。我们的陈述是 46 分 26 秒，回答问题是 1 小时 10 分钟，中国的陈述非常好，PPT 的播放非常顺利（我当时特别得意地写下这一句）。当地时间 6 点，经过两轮的投票，中国以 56 票胜出，举国欢呼。在大使馆的欢庆上，李岚清副总理接见了我们，接着是欢庆大会，与各领导、同事照相留念，感觉特别好。11 点回宾馆，12 点和周旭辉聊天，凌晨 3 点回到自己的房间，准备睡觉。这一天对我来讲是一生中极其特别的经历。”

合上日记本，我的申奥历程厚重的最后一笔终于写完。我的任务就此完成。我躺在床上，怎么也睡不着。虽然已经好几天没怎么睡觉，精神疲惫到极点，连嗓子都涩得发疼，却怎么也睡不着，整个人高度亢奋，亢奋到要虚脱。我无法安然睡去，眼见莫斯科又要迎来一个新的黎明。我拉开窗帘，在薄雾晨曦中，深情地望着窗外清晨下的异乡风景。

将近两个小时，我就那样长时间坐在宾馆里发呆。

有几次，我把装着PPT的笔记本电脑打开，瞄上两眼又很快合上。也许是心情过于复杂，我做不了任何事情，也想不全一件完整的事情。过往的镜头像剪辑师剪下的碎片铺天盖地朝我涌来。我清晰的目光总是坚持不了太久，就变得模糊一片。我心里有很多种不同的声音在说话。太多的事，太多的人，像电视剧中的回闪，一幕幕，挥之不去。我不由感慨，不站在申奥这样的高度，何曾会认识这么多同仁，又何曾会去处理这么多纷繁的事务，又何曾会有如此震撼心魄的感受？在那个清晨，我无法做到不去想着这过去一路冲刺过来的几个月，同时我又无法去仔细回首这过去几个月的日日夜夜。

说来颇为好笑，在这个莫斯科充满生机的早晨，我这个豪爽惯了的大老爷们儿居然破天荒地多愁善感起来。

第二天一早，奥申委的领导特意给我们这些工作人员安排了两条庆祝旅游线路，一条是绕着莫斯科河旅游一圈，还有一条则是在莫斯科城一些著名的景点穿插旅行。眼见到了约定旅行的时间，我突然困了，眼皮一合，决定痛痛快快地睡一觉，不参加那次庆祝旅游了。

等我酣畅淋漓地睡好了，起来一看已经上午11点钟了，酒店里几乎所有的人都出去了——还有一些成员已经乘专机回北京了。我从酒店里的走廊转悠到酒店里的临时办公室，发现昔日喧哗的办公室此时居然只剩下了三个人：王伟秘书长、刘敬民主席还有我。到了莫斯科，我们这些工作人员受到了奥申委的“优待”，每个人都发了一些卢布，但因为工作太忙，大家都没空花出去。此时刘敬民无意摸了摸口袋，惊呼，我的卢布还一分没花呢！不多的一点卢布，可以让我们到街上去买些俄罗斯的纪念品带回国送朋友。毕竟作为奥申委的一员，作为亲身经历了莫斯科成功瞬间的一员，回国后送朋友点东西作为纪念是十分必要的。

我和刘敬民揣着卢布，来到莫斯科城的老阿尔巴特街。那条街上有俄罗斯最传统的民间文化和旅游礼品。我和刘敬民每人买了几套俄罗斯套娃还有白桦树皮的手工画。逛街的时候，刘敬民对我说，他的心情既轻松又沉重。我问他为什么？他说申奥成功了，轻松；接下来的工作担子更重，所以沉重。我点头。在阿尔巴特街我们俩又碰到几位北京电视台的工作人员，“他乡遇故知”，我们热烈地打着招呼。见他们不断地举着摄像机、照相机拍摄来往的人群、寻找和奥运有关的景物，我的感动油然而生。

北京申奥成功，你给大家带来的何止是一时的快乐啊？

加拿大申奥委员会主席比多维曾经说过，生活中人们往往不会花时间去庆祝自己的成就。虽然人们希望每次都获胜，但生活并不都是输赢。我想，他说得很对，这一次是我们中国人胜利了，但即使是失败了，我们依然会昂首挺胸地面对生活，勇敢地迎接新的挑战，永不退缩。逛累了，我和敬民在阿尔巴特街吃了顿中餐。在此之前，我们经常跑到这里来吃中餐，那一顿则是我们在这条俄罗斯文化街吃的最后一顿饭。

当天傍晚，伴着莫斯科城西下的太阳余晖，我们乘上大巴去机场。挥手作别金环酒店的刹那，从宽大的巴士玻璃回望熟悉的金环酒店，心中再次感慨万千。

再见了，俄罗斯，感谢你们的热情！

再见了，莫斯科，感谢你给我们带来的好运！

第十章

申奥背后的故事

1. 给李岚清副总理做 PPT

我在负责给李岚清副总理做陈述用的 PPT 时，所面临的压力之大是前所未有的；同时我也感到了奥申委对我的信任，把这么重要的工作分配给我，足以让我对这份工作万分珍惜。

接到这个任务后，我开始反复思考如何做好这个 PPT。毕竟李岚清副总理在陈述大会上代表的是中国政府，分量之重不言而喻。我为此连续好几夜都熬通宵。有时，我走出新侨饭店时，常常已是凌晨时分，北京的二环路上都空空如也，隐约可见天要亮了。

用“如切如磋如琢如磨”来形容我们制作 PPT 的过程一点都不过。拿到李岚清同志高度机密的陈述文字材料后，我从每一个单词开始推敲，从陈述词内容到 PPT 中的文字，直至每张演示文稿的布局、格式还有图片的选取等细节。

经过两天的修改，中间熬了一个通宵。PPT 做好后，按日程表应该立即把电脑送到中南海，当时恰好负责与中南海联系工作的陈少云不在，我只好联系到了时任国务院副秘书长徐绍史同志的秘书小江，跟他说明情况，他对我说那你带着电脑，来趟中南海吧。我顾不上吃午饭，立刻驱车去了趟中南海。

我见到徐绍史同志之后，把装有李岚清副总理陈述用的 PPT 的电脑交给了他，想让他转交给李岚清副总理审阅。没想到徐绍史副秘书长看了之后，想了想，对我说，“这样吧，你直接去向李岚清副总理汇报一下吧，你是负责这一块的专家，情况比我们熟悉。”

听徐绍史这么说，我惊讶得不行。我知道作为政治局常委的李岚清副总理，他的时间安排是非常紧凑的。此外，要直接向李岚清副总理汇报，势必要打乱他的计划和安排，我赶紧说不行，当然我这么说，还考虑到我当时是持有美国绿卡的特殊人员。

徐绍史问我，为什么不行？有难度？

我说我的身份不合适。我把自己的特殊情况跟徐绍史同志说了以后，没想到他笑了，“没关系，特事特办，你准备一下吧。”末了，他又说了一句，“其实我们都知道你的”。

后来，等李岚清副总理吃完午饭，回到自己的办公室后，徐绍史同志就带着我到了李岚清副总理的办公室。我主动介绍自己，我说：“我是奥申委的，多媒体总策划，负责您陈述部分的多媒体策划和制作。”

李岚清副总理立即意识到奥组委聘请了很多“专家”，其中不乏国外的顾问团队，便问我：“我们不是请了外国的专家吗？”

我赶紧回答他，我就是特地从美国回来的。讲到此，李岚清副总理用流利的英语问我：“What did you study？”我答道：“Computer science.”他又颇有兴致地问我：“Which school？”我答：“UC Berkeley.”“Good school！”李岚清副总理答着说。闲聊了几句，李岚清副总理微笑地对我说：“OK，good！那我们就开始吧。”说完他就回到里面的办公室，拿出了陈述稿件，坐在了会议桌的一端。

我打开电脑，用投影仪把PPT投放到会议室的墙壁上。李岚清副总理就按着稿件一字一句地读（为了控制语速而做的练习）。读完一遍，他主动问我：“我要注意什么呢？”

我说，“您需要在诵读的时候保持一个固定的语速。因为给您的陈述时间是 5 分钟，我建议您最好在 4 分 45 秒左右完成整个陈述。”

他说好，接着诵读他的陈述稿，我就仔细记录着他的语速和节奏，从他的语速和节奏来判断 PPT 的设计合不合理，图片插入唐突不唐突，一张和一张之间的间隔是否符合陈述实际等。

第一次配合着排练的时候，我发现自己忘记记录整个陈述的时间，到底用了多长时间我们都说不太清楚。我说，“对不起，副总理，第一遍我忘了测算一下时间了。”李岚清副总理说，“没关系，那我们就再来一遍，反正我也要多多练习。”

第二遍排练，我把时间详细记录下来：每一段从开始到结束大概需要多长时间，全部结束共多长时间……后来，我一看秒表，整个陈述恰好是 4 分 48 秒，非常符合标准。李岚清副总理对这个测算成绩也很满意。接着他放下文稿仔细看了一遍投射到墙壁上的幻灯片。之后，他就提出了老人和孙子的那张照片里老人牙齿的问题，他说这张照片好是好，可惜老人的牙齿掉了，这容易引起别人的误解。

李岚清副总理说，陈述文字稿里提出的这个“全民健身”非常好，“我本人就是健身运动的积极倡导者，我本人就是这个全民健身中的一员。”

我听了李岚清副总理这么说，当时就问他，您能不能把您参加全民健身的照片提供给我，我把照片放到 PPT 中去？

他说，“可以啊，太好了。”接着他就交代郭秘书把照片找出来交给我。在第三稿的 PPT 中，我就把李岚清副总理打网球的照片嵌进 PPT。后来，这张照片起到了非常好的效果，它充分说明我们的国家领导人非常重视体育活动，包括国家领导人本人就是全民体育活动的参与者之一；加上李岚清副总理的良好的英文素养和演说能力，在莫斯科的陈述大会上，把中国国家领导人“文武双全”的综合能力展示了出来。

李岚清副总理的文稿由他本人亲自过问起草修改，对陈述用的PPT也提出了许多独到和中肯的意见。一个四分多钟的简单发言的几十次精心排练，一组十几张PPT的幻灯片前后多次易稿，一张照片的慎重选用，甚至到了莫斯科，文字与图片在细节上依然做了些调整，这些大事中的小事实在让人感触颇深。因为申奥有幸与李岚清副总理相识相见，他的和蔼，他的亲切，他的外语素养和水平，他对待事情的认真、严谨——在自申奥成功以后至今都一直影响着我。有时，我想想就会觉得，像李岚清副总理这些不平凡人的平凡之人格，恰恰是他们身上所散发出的最伟大的魅力之一吧。

2.“奥运龙”在长城上腾飞

在刘淇主席的申奥陈述中，有一个引起全世界人注目的数据：在中国有95%以上的民众支持申奥（95%以上的人民支持申办——因为他们相信举办2008年奥运会将有助于提高他们的生活质量）。这个数字针对的是中国国内民众，那对于居住在国外的华人以及分散在世界各地的华侨又是如何看待申奥这件事情呢？在6月份之前，很多国外的华人华侨也利用各种机会，帮助祖国宣传奥运，但规模比起国内就要小得多，影响也不太大，直到6月份“奥运龙”的出现，才真正把国内国外的中国人连在一起，共同为申办2008年奥运会贡献出个体的力量。

2001年5月，国际奥委会把对五个申办城市的评估结果公布出来，这使得国内民众支持申奥的情绪空前高涨。当时社会上对中国民众狂热的申奥情绪用了一个比喻来形容——申奥处于热水瓶状态中。所谓热水瓶状态就是说国内被申奥情绪感染得已经进入高压状态，民众对申办奥运的热情达到了非常高的地步；与之对应的是国际媒体人对中国申奥的反应的相对冷淡。外面压力小，国内压力大，从而形成了一个申奥外冷内热的“热水瓶状态”。出现这种状态非常容易理解，中国人在1993年申奥失利后到2001年，整整八年的民族压抑终于有了一个释放的机会。带着当初申奥两票失利的遗憾，再加上国际奥委会对北京评估结果的宣布，国内民众对奥运的期待可谓几近于“极端”。

为何会出现国内情绪高涨，而国外反应相对平淡呢？

这同样缘于国际奥委会的一纸公文。由于“盐湖城丑闻”引发的国际奥委会诚信危机，国际奥委会决定从申办2008年奥运会开始，申办城市不准到国际上去宣传自己，同时国际奥委会委员也不准受邀到申办奥运的国家去访问。

后来，一个叫赵建海的曾找到奥申委提出要通过自己的努力来表达海外华人华侨支持申奥，刚开始，因为种种原因，并没有得到奥申委的支持。当时北京奥申委的办公大楼，每天都有许多像赵建海这样的申奥支持者主动来表达自己支持申奥的心愿，有些人甚至写下血书。最为感动的是一个北京老大妈，她来到奥申委，对工作人员说：“我年龄大，没有什么能够做的，我只想说，为了给北京申奥做点贡献，我能来给奥申委的领导们擦擦车，我就心满意足了。”我们在奥申委工作的这些人，听说了这件事，每个人都感动得不得了。

回头说说赵建海。

赵建海是旅美的艺术家，毕业于中央美术学院，大学毕业后，到美国去留学。在美国深造完以后，便留在美国，从事艺术工作，并逐渐成为一个较有影响力的现代艺术家。他曾经办了很多画展，并组织过大型艺术活动。他从美国来北京直接找到奥申委，把自己的想法告诉了奥申委，想通过大型艺术活动来表达自己以及美国旧金山的华人华侨对申奥的支持，刚开始这个活动并没得到允许。

4 月底，我参加完莫斯科的技术协调会，返回北京，当时遇见了赵建海，他正准备返回美国。

紧接着，在北京奥申委的一次执委会上，刘敬民和我聊起宣传的事，他说，现在国内的民众对申奥的热情非常高涨，结果造成国内宣传过热，压力太大；可国外的宣传力度还不够，国际奥委会又不允许咱们到国外去。

我想了想，对刘敬民说，“我有一个好主意。”

刘敬民说，“你赶紧说说。”

我说，“我们可以利用国际奥委会的漏洞举办个‘奥运龙’活动。”

刘敬民问我，“奥运龙是什么？”

于是我向他汇报了赵建海策划奥运龙的活动。尽管国际奥委会不允许咱们中国政府官员到国外去宣传申奥，但咱们有许多海外的爱国华人华侨，他们可以利用自己的特殊身份在国外帮着咱们宣传。一来，把申奥活动的重心从国内转移到国外；二来，既没触犯国际奥委会的“电网”，又可以加强对国际上申奥的宣传力度。我把赵建海的想法推荐给了刘敬民。

刘敬民略微考虑了一下，对我说，这个主意不错，我觉得我们可以做。你赶紧给我联系一下赵建海，我现在就要见他。

就这样，赵建海最终留了下来。

很快，我们就策划出了一个大型的奥运龙活动，具体活动方案是，6月23日在居庸关长城上摆上万米长卷，为了避免其他申办城市说闲话，这个活动从一开始就定位为海外华人华侨的活动，不是政府行为，当时有很多志愿者和国际学校的学生主动前来帮忙。

为了扩大这次活动的影响，在2001年5月28日我们还特意举办了一个“奥运龙”活动的新闻发布会。在新闻发布会之前，我们给马来西亚驻中国大使馆大使马吉写了封信，他当时是驻中国外交大使协会的会长，请他协助我们邀请其他的驻中国大使。让我们感动的是，马吉很爽快地答应了我们，一些其他国家的大使纷纷表示，愿意来参加“奥运龙”的新闻发布会，以此来表达他们对北京申奥的支持。5月28日的新闻发布会，三十多个国家的大使和大使夫人都来到了现场。在那个新闻发布会上，我们就跟那些大使讲：“你们也看到了，中国的改革开放对中国的经济和中国的实力的影响有多大，还有北京环境的改变，北京有没有能力办2008年奥运会，你们最有发言权，所以请你们给你们所在国家的国际奥委会的委员写一封信，请他们投北京一票。”事前，我们已经准备好了支持信的稿子。

6月23日，举行活动的当天，居庸关长城上腾飞起缤纷的“巨龙”。在古老的长城上飞起中国最吉祥的图腾，上面还有2008条“小龙”在飞舞，以此表达了全球炎黄子孙对奥运的期盼，以此向国际奥委会表达全世界的华人华侨对于北京申办奥运会的鼎力支持。为了更大地提升这个活动的影响力，之前我们特意准备了一百匹缎子，发到美国旧金山的各行各业中去，让旧金山的华人华侨和当地民众在缎子上签名，表达他们对于北京申办奥运的支持。事实证明，这次活动非常成功，我们得到了国际社会和全球华人华侨的大力响应。

那天，天气很好，我们还找来直升机对长城上的“巨龙”进行了航拍。从天空俯视地面，长龙翩翩起舞，巨龙下是无数华人华侨举起的双手，那种场面，让世界为之震撼和感动，那种万人一心用传统艺术表达对奥运渴望的场面，也许只有在北京，只有在古老的中国才能看得见。

奥运龙，在国际奥委会对申奥宣传的冷处理的原则下，就这样成了海外华人支持奥运的一个经典之作。最后，这个艺术品和活动在申奥一周年成功的时候，载入由江泽民主席题词的《百年奥运中华圆梦》的纪念册里面，也成为中国申奥的历史里面的重要篇章；活动当日在长城上展示过的一些艺术品最后被奥林匹克博物馆收藏。

这次利用国际奥委会的宣传原则的“漏洞”而成功举办的“奥运龙”活动，成功地把北京申奥的理念从国内放飞，从长城放飞，到达了世界的每一个角落，到达了世界上每一个华人华侨那里。

让我们在此再次领略在国际奥林匹克日舞动的长龙的风采：“奥运龙”是世界上最长、最具规模的大地艺术作品。整个创作是以中国民俗网络的剪纸“龙”为画的主体，以奥运五环色彩“红、黄、蓝、绿、黑”为画的基色，用丝网印画的形式将2008幅画一气呵成印在长1万米、宽两米半的画布上。巨幅作品由“龙头”、“龙身”、“龙尾”三部分组成；在2001年6月23日的国际奥林匹克日这天，由

500名青年和近200名专程回国的海外华人华侨代表共同手持登上万里长城展示。

那一刻，炎黄子孙组成的长龙在长城上飞舞起来。

那一刻，全世界的炎黄子孙用舞动的长龙诉说着奥运的梦想。

那一刻，制定出不准到国外宣传这条规定的国际奥委会“偷偷”笑了。

3. 国内媒体的“假情报”

2001年7月13日的莫斯科，除了五大申办城市在陈述台上进行了一番依靠实力的唇枪舌剑较量之外，还有另外一批人的较量引人注目，这批人就是来自世界各地的记者。2001年的莫斯科申办奥运陈述会吸引了全世界两千多名记者到现场去采访，路透社、法新社、美联社、新华社、CNN等都派出了庞大的采访阵容。两千多名记者经常为了抢占有利地形，夺取最快报道团队的荣誉“打”得不可开交；尤其是五个申办城市所在国家的记者，为了支持自己国家申办奥运，可谓煞费苦心，利用各种机会来宣传自己国家的城市，制造舆论优势，在同行中显示出记者的强者风范和大国风范；同时他们还要想方设法地从本国代表团那里挖掘内幕和消息。所以，在代表团下榻的酒店，你经常可以看到这样一个镜头：每个国家的陈述代表团一旦出现在酒店大厅，立刻就会被一群该国家的记者蜂拥围住。

北京代表团更是享受到了国内记者团的优待，每次出行的背后是国内各大媒体的“鼎力”支持。一向大方的中国国内媒体，在申办奥运这件事上变得“斤斤计较”、“小气”起来，为什么？当时，我们这些工作人员来到莫斯科时，被领导嘱咐，不能乱说话，把所有跟陈述相关的消息都封锁起来，在最终上台陈述前，不能泄露陈述的一点一滴。对记者来说，封锁消息是他们最不愿意听到的，故而跟我们这些工作人员“斤斤计较”起来，告诉我一点吧，一点点就行，不要多。他们围着你好话说了一箩筐，糖衣炮弹捆成捆往你身上“打”，一不小心，还真容易说漏嘴，所以很多代表团团员宁愿躲在宾馆里，也不敢出去接受记者们的微笑“逼供”。

我作为多媒体总策划，负责技术协调，掌握着陈述内容的核心机密，在这个特殊的时期，我更要严格遵守这个“保密通知”。当时我接到一份《关于在莫斯科陈述演练安排的通知》，上面清晰地说明了，我们最终定稿 PPT 的时间是在北京陈述开始前半个小时。也就是说，当地时间下午 3 点开始我们开始陈述，而稿件最终封稿的时间定在下午 2 ： 30。通知上写着“金环饭店 2002 房间，13 ： 30 ～ 14 ： 30 陈述最后调整”。

这种最后调整给国内媒体的报道带来了很大的困难。很多媒体为了抢“第一时间”，费尽心思地挖一些材料到手，我就屡次被这些媒体纠去“严刑拷打”，他们试图从我这里找到一些确定的信息，可惜，在那种严格保密的要求下，我只能三缄其口，一笑而过。特别是那些负责电视直播的，当时是直播都是用现场英语或法语声音，所以中文字幕不可能出现，为了达到最好的转播效果，他们希望得到国人最关心的中国陈述团的中文陈述词。

当然，也不是没有机会找到陈述词的。在去俄罗斯之前，我们安排了好几次的战前演练，虽然是内部演练，但有两次还是允许记者来到实景现场观摩记录的，这就是他们抢占“第一时间”的最有利时机。

在7月3日北京国际会议中心的那次排练上，允许记者和电视台到现场采访录像。当时所有获准入内的记者们都淋漓尽致地拍摄记录了一番，然后迅速发回到自己的社内，一时间，国内许多媒体都已经做好了陈述词的排版，只等着北京申奥成功，各电视台和报社立刻把这些高度机密的陈述词翻译好，准备用于陈述当天的转播（其实，在这之前，许多陈述词已经零零散散地出现了公众面前）。

把记者们引入误区的最集中的有两段陈述，一段是杨澜陈述词里的，一段是楼大鹏的陈述词中的。

在7月13日北京代表团陈述之前，国内许多媒体都刊登了这样一条信息，说在杨澜的陈述词中通过李安的影片《卧虎藏龙》，展示了中国五千年的历史底蕴，并引用了一段杨澜的陈述词：“相信在座的许多人都曾为李安的奥斯卡获奖影片《卧虎藏龙》所吸引，这仅仅是我们文化的一小部分，还有众多的文化宝藏等着你们去挖掘。北京是一座充满活力的现代都市，五千年的历史文化与都市的繁荣相呼应。”

其实，杨澜最后定稿的陈述词中，并没有上面这段话。但在最初的稿件里面，又确实有这段话。那为何在最后的陈述中，把它删去了呢？当时考虑到一些国际奥委会的委员并不一定看过《卧虎藏龙》的影片，而且它对现场气氛的调动效果也不是特别的好，本来这是一届体育盛会，和电影有一定的距离，再说电影本身也不可能影响到每一个人。考虑到这个因素，我和杨澜合计了一下，这段话最终被删去了，取而代之的是在2月份评估团来北京评估时采用的那个更富中国魅力和中国传统特色的“女子足球队”的故事：“大约在公元11世纪宋朝的时候，人们开始玩一种叫作‘蹴鞠’的游戏。这个游戏被认为是现代足球的起源，在当时非常流行，女性们也自成一队，玩得兴高采烈。现在，您该明白为什么现在我们的女子足球队那么厉害了！”

这一“临时改动”，收到了非常好的效果。配合那张古代宫廷女子在树下踢绣球的画面，杨澜的精彩陈述，把现场许多国际奥委会的委员逗得开怀大笑。

而楼大鹏的陈述词最后也做了一些改动。当时国内许多重要的媒体早早把楼大鹏主任的陈述词编排到申奥成功的文章中去了，中间有这样一段：“53年前炎热的夏天，我只是12岁的小男孩，有幸看到索恩斯和其他运动员协助奥林匹克的比赛，今天这些记忆塑造了我一生，激励我参与奥林匹克运动……”其实最后当楼大鹏主任站在陈述台上时，上面这段话并没有说出来，而是更着力陈述了奥运村、奥运场馆和奥运计划制订上。当时能听懂英文的同志们一定听出了“词不达意”的问题，这可是大娄子！

除了上面这些急于报道而与事实出现偏差之外，当时国内许多电视台也跟着出了问题。当时，在最后的排练现场，许多电视台派人去全程录了影，录完影他们赶紧就找人把里面陈述时的英文翻译成中文，这样做是为了在7月13日直播当天，进行同步翻译。然而，让这些电视台始料未及的是，在7月3日以后，陈述内容又经过了近10次的调整，由于高度保密，我们无法把改变的内容告诉电视台。在直播的时候，电视台根本没有来不及对变化的陈述词做出反应，还继续播着那些已经“过时”的字幕。

事实上，这些错误是美丽的，它们恰恰反映出了那个时间里，人们处于巨大幸福降临之前的紧张和不安，它们表达出了中国人对于北京申奥的极大关注。当幸福降临时，谁也不会去注意到这些错误，谁也不会去责怪这些媒体，毕竟在这些错误中，体现的只是中国记者们的用心良苦，只能体现出他们伟大的敬业精神。在举国欢呼、万人呐喊的欢庆之夜，谁也没有心思去和报纸较这些真，相反这些“假情报”让中国民众更多地了解了申奥的内幕，也更早感受到了申奥陈述给大家带来的冲击力。在那种场合下，在陈述完毕后不久的第二轮投票后，我们只知道，北京赢了，我们赢了！关于报道的事，错就错了，假就假了吧！

4. 我的申奥与我的母亲

就在6月份最为紧张的时候，我突然遇到了一件关乎人生的大事。

2001 年 6 月 16 日早上，我刚起床就接到我表哥从老家长沙打来的电话，电话里他说我母亲病危，我立刻懵了。接到那个电话，稍微冷静后的第一反应是我得回去，放下手中的电话就得回去。但“回去”这个念头在脑子里也就停留了几秒，自己当即就否决了回去的想法，现在的情形是，我不能回去，即使回去，也不能耽误申奥这边的工作。我在心里想，我毕竟是多媒体总策划，在其位谋其政，况且离 7 月 13 日最终的陈述一个月都不到，调试和最后定稿的工作正在紧锣密鼓地推进，如果我离开了，会造成什么样的后果呢？所以我不能离开！想到这里，心情自然颇为悲壮，觉得母亲含辛茹苦一辈子，到头来，我接到这样的电话，却不能立刻回到她的身边。我旋即就想到“忠孝不能两全”的古训，我知道这个词用在我身上有点大，但把“忠”往小了说，这句话确实符合我当时的心境。

挂上电话，我坐着想了好长时间，最终决定不能向奥申委请假，如果请假，我所面临的情形势必会是这样：组织上立刻打电话到湖南省政府，请他们协调，这种事情以前就发生过。结果是我依旧不能回去，两下都会“乱”起来，确定了不请假之后，我就赶紧打电话给票务公司，问他们飞长沙的班机最晚的一班是几点，然后让他们帮我把机票订上。

当日下午，我把刘曙叫过来，给她详细布置了该做的工作和需要完成的一些任务。以前我都是和她一起加班熬夜完成这些任务，但现在不行了，长沙那边，我母亲病危了，我得赶最晚一班飞长沙的飞机，尽一个儿子应尽的孝心。

处理好手头的工作，我赶紧回到家里，匆忙抓上几件换洗的衣服，直接奔机场。好在飞机没有任何延误，我得以顺利赶到长沙。我到长沙已经是晚上9点多钟了。辗转到了我母亲住院的那家医院，赶紧找到母亲的病房。当时，医院比我还急，他们一直在找我母亲的直系亲属。

母亲的病情非常厉害，已经昏迷了，深度昏迷，已在抢救过程中，按照规定，必须由直系亲属签很多的字，当时我姐姐在美国，我在北京，我父亲去世了，母亲身边没有直系亲属可以签字，我的那些朋友都不能签字。在医院里，我的表姐表哥他们俩在那里支撑着。

我到了之后，赶紧签字，签了一堆，又取了几万元钱，把该补的钱补上，该付的钱付上。

医生对我说你要做好准备，接着，给我母亲下了病危通知单。在那种情况下，我应该做的就是陪在母亲身边。可我没有请假，我在晚上飞到长沙，奥申委的领导还不知道我离开了北京，虽然谈不上纪律感多强，但心里很不踏实，甚至有种负罪感。第二天一早，我对我表哥他们说，还得麻烦你们，我必须回北京。这样，17日早上，我乘坐最早的一班飞机从长沙飞到了北京。

回到北京以后，我想到唯一的一个方法，就是要我姐姐立即从美国赶回来。我给她打了个越洋电话，对她说你赶快回来。当时正巧她那边也忙得不可开交，听到这个情况，她立即说："我马上订票，立即回国。你现在所做的工作很重要，这是国家大事，家里的事你就别管了。"我听后，心里一热！

挂上电话，我姐姐立刻订了最早一班飞机的机票从美国飞回来。

18日晚上，母亲仍旧还没有醒过来。经过系统检查医院确定我母亲昏迷是因为糖尿病服药过量造成血药浓度过高，医生决定给母亲做血透。因为做血透是有危险的，还需要直系亲属签字。6月18日晚上，我重复了前一天的过程，定了最晚一班飞长沙的飞机票，晚上到了那里，帮着母亲转到高危病房，守在她身边看着她做血透，到19日早上我赶到长沙黄花机场，母亲仍然处于深度昏迷状态。我的几个同学守在她老人家身边，我搭乘最早那班飞机飞回了北京，赶在上班之前回到了奥申委的办公室。

来来回回是四趟，一直到我姐姐21日到了。

我姐姐21日到了就立即赶到长沙，我就没再赶回长沙陪着母亲。

两天后，6 月 23 日，居庸关上的“奥运龙”腾飞起来，几千几万人热闹的场面，实在壮观。可在那种人声鼎沸中，我心里一直惴惴不安——那时母亲还没从昏迷中醒来。所以，我在居庸关长城上面组织活动时，一直没间断地跟我姐姐通着电话，询问母亲的具体情况。

10 天之后我就要飞往莫斯科了，20 天之后就是 7 月 13 日这一最重要的日子了。让我万分欣喜的是，就在我飞往莫斯科前夕，我姐姐突然给我来了一个电话，说我母亲醒过来了，我顿释了一口长气，然后拎着两台崭新的 IBM 手提电脑，登上了飞往莫斯科的专机。

5．乘着奥运的翅膀飞来飞去

申奥成功后，我简单算了一下，整个冲刺申奥期间，我坐着飞机，如果绕着赤道飞，也得围绕地球转好几个圈。这么说，一点都不夸张，远征美国、两赴莫斯科、两飞长沙……不过细细算来，每次乘飞机的心情都不一样，把这些心情连接起来，恰是整个我参与申奥的日日夜夜的心路历程。

2001 年 1 月份乘机去美国那次，当时心里一点都没底，申办奥运这么大的事，我一个人能做些什么？作为多媒体总策划，我又该做些什么？还有我怎么在申奥过程中，把 PPT 做好，用好？这一切都极度困扰着我。2001 年 1 月 7 日那天，我在首都机场换登机牌的时候，特意向值机工作人员要了一个靠后靠窗的座位。漂亮的值机小姐冲我笑笑说，“先生，您是我们尊贵的金卡会员，我们在第一排留了更宽敞的位子，长途旅行，我建议您还是选前面的位子，相对舒服些。”我对她说，“谢谢你，我就要后面的位子。”她又冲我笑笑，说，“好的，”然后低头噼里啪啦敲起了键盘。她笑着点点头。不过我还是能看出来，这次她的笑容里开始带有些许疑惑。过了一会儿，她递给我一张最后一牌靠窗的登机牌，先生，您的登机牌，祝您旅途愉快，她微笑着说。

我拖着拉杆箱，离开值机柜台。身后，那位值机员小声地对旁边的工作人员说，这个人有点怪哦，还有主动选那么靠后位子的人。我在心里苦笑。我真想对她说，是的，我也知道，十几个小时的飞行，谁都不想坐在后面干受颠簸。可我心里很清楚，在这十几个小时的飞行里，我应该找一个相对安静的地方，不受其他人干扰，我得认真思考一些严肃的问题。换句话说，这十几个小时的宝贵时间恰是让我自己冷静下来的最佳时机。前面那几天，我一直很亢奋、很激动，没有好好坐下来想想。现在应该冷静下来，必须冷静下来。

那次去美国最大的收获就是成功地寻找到了朋友王敏，和他一起把最原始的 PPT 模板做了出来。也是那次美国之行，我收获了最重要的一句话“13 亿人民共同的梦想”。这句话本来是王敏在调试 PPT 模板测试效果时插入进去的，让我们始料未及的是，这句话在最后关键的 7 月 13 日的陈述时，被放在了最后一张 PPT 上，放给了全世界。

后来因为公司的业务等一些事情，飞了常州、深圳、上海、南京、德国等地，这里不提，因为和申奥无关。

2001 年 4 月份，乘飞机去莫斯科参加技术协调会让我第一次对飞行有了诗意的感觉。当时我记得很清楚，我坐的是波音飞机。当我从沉睡中醒来，发现巨大的波音飞机正平稳地飞行在俄罗斯上空。透过机窗，可以望见飞机下面群山点点，远处是白云悠悠，更远处是刺目的深蓝色、墨蓝色、鱼肚白。近处，有几座高耸的雪山欲刺破云霄，迎着碧蓝天空的心脏，发出刺目的光。

说实话，从20世纪80年代就开始飞来飞去的我，从没有哪一次飞行有如此兴奋的感觉。我第一次被飞机旅行震撼了。飞机在莫斯科机场落地，巨大的机翼覆盖在地面上的阴影，同我兴奋的心情一样迅速前移，那种美妙的感觉难以描述。如今，六年多过去，我时时能回忆起飞机下的那些雪山，以及群山万壑，碧空无垠的胜景。我想起一句话：美丽而忧郁的莫斯科。我们这一代人对苏联、莫斯科有着特殊的情感，不仅仅是俄罗斯文学对我们的影响，不仅仅是俄罗斯音乐和电影对我们的影响，也不仅仅是俄罗斯政治对我们的影响。而是从它那里衍生出的理想、纯美和忧伤对我们的影响。《钢铁是怎样炼成的》《复活》《母亲》《铁流》这些俄苏文学对我们的影响是巨大的，我曾经在年轻时，一度对普希金十分着迷，他的诗歌、他的小说、他的戏剧、他的人生都曾深深地影响着我，尤其是他那首《假如生活欺骗了你》，每次读来都有重回过往岁月的感受。

如果说第一次去莫斯科是“诗意”的飞行，那6月份偷偷乘飞机飞回长沙看我母亲则要算作“失意”，它让我感到了飞行的疲惫，感到了速度的局限，感到了人生的复杂和困顿。但是，那次飞行让我刻骨铭心，有时，我们同样可以做到忠孝两全，同样可以“朝秦暮楚”——只要你有足够的热情和激情，那广阔天地就可以让你乘着飞机的翅膀飞来飞去。

2001年7月初，我们乘专机飞到莫斯科，在那里，我感到了作为中国人的自豪和骄傲，感到了作为奥申委的一员的自豪和骄傲，深深感受到了“祖国”二字的含义。我们受到了莫斯科人民热情的接待，我们经历了人生最辉煌的一段岁月。

7天后，我和同事一起从莫斯科机场乘专机返回祖国，返回北京。那一次飞行，我最为轻松，没有任何任务，没有任何压力，天空是蓝的，云彩是白的，无边无际，浩渺天空。我们这些人带着胜利的喜讯，带着北京申奥成功的光环，乘着申奥的翅膀，悠悠荣归故里。

我想，只有那时，你才能清晰地看到，原来，飞行如此美妙，生活如此美好。长时间的飞行里，我一个人静静地把背靠在专机的座位上，把目光从机舱的窗户往外眺望，回首历历往事，回首冲刺奥运的日日夜夜，那些澎湃的心情，那些紧张的时刻，那些劳累的瞬间，那些几乎让人落泪的感动镜头，一时全部从天际边涌出。我就那样静静地享受着申奥成功给我带来的喜悦。我知道，几个小时之后，这架满载着荣誉和胜利的专机将降落在我们的首都机场。在那里，会有更多的人和我们一起欢呼；在那里，会有更多的激情开始与蔓延……

黄克俭

修改于2021年6月14日凌晨